Duden

Abiwissen

Deutsch

Lyrik und Gedichtinterpretation

Dudenverlag
Mannheim · Zürich

Bibliografische Information der Deutschen Nationalbibliothek
Die Deutsche Nationalbibliothek verzeichnet diese Publikation in der Deutschen Nationalbibliografie; detaillierte bibliografische Daten sind im Internet über http://dnb.d-nb.de abrufbar.

 D C B

Redaktionelle Leitung: Simone Senk
Redaktion: Dr. Christine Schlitt
Autoren: Frank Becker, Dr. Christine Schlitt
Textbausteine: Reinhard Marquaß

Herstellung: Andreas Preising
Layout: Horst Bachmann
Umschlaggestaltung: Hemm-communication.design, Filderstadt
Satz: Kösel, Krugzell
Druck und Bindung: Heenemann GmbH & Co.
Bessemerstraße 83–91, 12103 Berlin
Printed in Germany

ISBN 978-3-411-74071-0

1
Die Gedichtinterpretation

In den Abiturklausuren finden sich vielfältige Aufgabenstellungen, wenn es um Gedichtinterpretationen geht. Häufig lautet die Aufgabe schlicht, ein Gedicht zu interpretieren oder zu analysieren. Oft stehen Gedichtinterpretationen auch in thematischen Zusammenhängen, sei es, dass verschiedene Gedichte eines Autors oder einer Epoche analysiert werden oder bestimmte Aspekte einer Epoche herausgearbeitet werden sollen, sei es, dass thematisch verwandte Gedichte aus verschiedenen Epochen einander gegenübergestellt werden sollen. Auch kreative Schreibaufträge werden häufig mit der Gedichtinterpretation verknüpft. Im Folgenden finden Sie Schritt-für-Schritt-Anleitungen für die vier häufigsten Aufgabenstellungen.

Die Arbeit während der Klausur besteht aus zwei Phasen:
- den **Vorarbeiten,** bei denen Sie das Gedicht analysieren und die Bedeutung erschließen, und
- der **Niederschrift,** bei der Sie die Ergebnisse in Form eines Aufsatzes möglichst plausibel erklären.

Die gründliche Analyse ist das Fundament Ihres Aufsatzes. Sie verhindert Fehldeutungen und erleichtert die Niederschrift. Die folgende Schritt-für-Schritt-Anleitung bildet die Grundlage für jede Gedichtanalyse bzw. Interpretation.

1.1
Ein Gedicht analysieren und interpretieren

Die einfache Analyse oder Interpretation eines Gedichts verlangt von Ihnen, ein Gedicht abgelöst von seinem biografischen und historischen Kontext zu betrachten. Man nennt dieses Verfahren auch textimmanente Interpretation. Es bildet die Grundlage für alle anderen Aufgabenstellungen der Gedichtanalyse.

1.1.1
Erfassen der Aufgabenstellung

Bei der weiten Aufgabenstellung „Analysieren und interpretieren Sie das Gedicht …" geht es darum, ein Gedicht als Ganzes, d. h. seine formalen und inhaltlichen Elemente sowie die sprachlichen Bilder und die Wortsemantik zu analysieren und in Beziehung zueinander zu setzen (andere Aufgabenstellungen vgl. 1.2, 1.3 und 1.4). Überlegen Sie jeweils genau, was von Ihnen verlangt wird, und richten Sie Ihre Arbeit danach aus.

1

Karoline von Günderode (1780–1806):
Die eine Klage

Wer die tiefste aller Wunden
Hat in Geist und Sinn empfunden
Bittrer Trennung Schmerz;
Wer geliebt was er verlohren,
Lassen muß was er erkohren,
Das geliebte Herz,

Der versteht in Lust die Thränen
Und der Liebe ewig Sehnen
Eins in Zwei zu sein,
Eins im Andern sich zu finden,
Daß der Zweiheit Gränzen schwinden
Und des Daseins Pein.

Wer so ganz in Herz und Sinnen
Konnt' ein Wesen liebgewinnen
O! den tröstet's nicht
Daß für Freuden, die verlohren,
Neue werden neu gebohren
Jene sind's doch nicht.

Das geliebte, süße Leben,
Dieses Nehmen und dies Geben,
Wort und Sinn und Blick,
Dieses Suchen und dies Finden,
Dieses Denken und Empfinden
Giebt kein Gott zurück.

Aufgabe: Analysieren und interpretieren Sie das Gedicht „Die eine Klage" von Karoline von Günderode.

1.1.2 Lektüre des Gedichts und erste Eindrücke

Wenn Sie das Gedicht gelesen haben, sollten Sie Ihre ersten Eindrücke, Gedanken oder Assoziationen festhalten. Erstellen Sie eine vorläufige Deutungshypothese, die Sie später überprüfen können, sowie bereits eine Grobgliederung. Bei schwierigen Texten können Sie auch Probleme und Fragen notieren. Diese Notizen können Sie später für Ihre Einleitung verwenden.

Erste Eindrücke nach der Lektüre des Gedichts „Die eine Klage"

- Es geht um den Schmerz um eine verlorene Liebe und um den Rückblick auf die Freude, die eine Liebe geben kann.
- Es herrscht eine resignierte Stimmung, da der Verlust der Liebe endgültig zu sein scheint; aber dennoch scheint es eine Sehnsucht oder Hoffnung zu geben.
- Warum enthält der Titel bestimmten und unbestimmten Artikel („die" und „eine")? Was bedeutet der Titel?

1.1.3 Analyse der Formelemente

Beginnen Sie Ihre Analyse damit, die formalen Elemente zu untersuchen. So erfassen Sie den Aufbau, die Hervorhebungen und Verknüpfungen sowie die akustische Grundstimmung.

Tipp **Formale Analyse von Gedichten**

1. Erfassen Sie das Schriftbild (Verszeilen, Versgruppen, visuelle Signale, Anzahl der Strophen).
2. Klären Sie den Satzbau.
3. Bestimmen Sie Klangelemente und Metrum und achten Sie auf Auffälligkeiten.
4. Bestimmen Sie die verwendeten stilistischen Mittel.

Formale Analyse des Gedichts „Die eine Klage“ von Karoline von Günderode

- vier Strophen mit je sechs Versen, verbunden durch Schweifreim (aabccb)
- Metrum: vierhebiger Trochäus mit weiblicher Kadenz in den Versen 1, 2, 4, 5; dreihebiger Trochäus mit männlicher Kadenz in den Versen 3 und 6; die Verse 3 und 6 jeder Strophe werden dadurch besonders betont
- Enjambements (V. 1/2 in der ersten und dritten Strophe)
- Inversionen (erste Strophe V. 3, zweite Strophe V. 2, dritte Strophe V. 2 und 6)
- Anapher (erste Strophe „wer“; zweite Strophe „Eins“)
- Polysyndeton (vierte Strophe „und“)
- Chiasmus (erste Strophe V. 4 und 5: „geliebt“ – „verlohren“ / „lassen muss“ – „erkohren“)
- Ellipse (erste Strophe V. 4 und 5, „hat“ wird ausgelassen)
- Ausruf (dritte Strophe, V. 3; „O!“)
- dunkle Reimvokale bei Wörtern, die Verlust ausdrücken (Wunden / empfunden; Verlohren / erkohren); helle Reimvokale bei Wörtern, die die Freuden der Liebe ausdrücken (finden / schwinden; Sinnen / liebgewinnen; finden / empfinden)

1.1.4 Analyse der inhaltlichen Elemente

Nach der formalen Analyse wenden Sie sich den inhaltlichen Elementen zu. Hier geht es um die Themen und Motive, die sprachlichen Bilder und die Kommunikationssituation.

Tipp **Inhaltliche Analyse von Gedichten**

1. Fragen Sie nach dem Sprecher (und gegebenenfalls dem Adressaten).
2. Klären Sie den gedanklichen Aufbau.
3. Bestimmen Sie die verwendeten Motive.
4. Bestimmen Sie die sprachlichen Bilder.

Inhaltliche Analyse des Gedichts „Die eine Klage“ von Karoline von Günderode

- Es handelt sich um einen verdeckten Sprecher; es gibt keine Personalpronomen der ersten Person.
- Durch die Konstruktion „Wer“ – „der“ wird eine Verbindung zwischen der ersten und zweiten Strophe hergestellt; dadurch kommt es zum Spannungsaufbau in der ersten Strophe und zu einem Spannungsabfall in der zweiten Strophe. Dieses Schema wird innerhalb der dritten Strophe wiederholt („Wer“ – „den“).
- Die vierte Strophe bildet eine Art Zusammenfassung und hebt das Thema auf eine allgemeine Ebene („Leben“, „Gott“).
- Situationsmotive: Liebesleid, Sehnsuchtsmotiv, Liebeserfüllung.

1.1.5 Analyse der sprachlichen Bilder und der Semantik

Die Bildhaftigkeit der Sprache zählt zu den wichtigsten Charakteristika der Lyrik. Ihre Analyse ist eine wichtige Grundlage für die spätere Interpretation.

Tipp **Analyse der Semantik und der sprachlichen Bilder**

1. Untersuchen Sie die Konnotationen und die Besonderheiten der Wortwahl.
2. Untersuchen Sie dazu zunächst die Hauptwortarten (Substantive, Verben, Adjektive) und benennen Sie die Wortfelder.
3. Untersuchen Sie die Personalpronomina (Hinweise auf den Sprecher / das lyrische Ich) und die Konjunktionen und notieren Sie Auffälligkeiten.
4. Erfassen Sie die sprachlichen Bilder und notieren Sie Deutungsmöglichkeiten und gegebenenfalls Verknüpfungen der Bilder.
5. Leiten Sie aus expliziten und impliziten Hinweisen die sinnbildliche Bedeutung ab.

Die Deutung der sprachlichen Bilder muss sich mit allen inhaltlichen Elementen des Gedichts vertragen. Passen einzelne Textaussagen nicht dazu, sollten Sie versuchen Ihre Interpretation zu korrigieren.

Analyse der Semantik und der sprachlichen Bilder in dem Gedicht „Die eine Klage“ von Karoline von Günderode

- Wortfeld Schmerz: „Wunden“, „Schmerz“, „des Daseins Pein“
- Wortfeld Trennung: „verlohren“, „schwinden“
- Wortfeld Liebe: „Herz“, „Eins in Zwei“, „Zweiheit“, „liebgewinnen“
- Metaphern („Herz“ – der/die Geliebte; „Wunden“ – der tiefe Schmerz; „Denken und Empfinden“ – Verstand und Gefühl; „Suchen und Finden“ – Erfüllung; „Wort und Sinn und Blick“ – Sprache, Gefühl und Wahrnehmung; „Nehmen und Geben“ – Ergänzung des einen durch den anderen)
- Personifikation („der Liebe ewig Sehnen“)

1.1.6 Rückblick auf die Vorarbeiten

Werfen Sie einen kritischen Blick auf die Ergebnisse Ihrer Vorarbeiten: Haben Sie alles getan, was in der Aufgabenstellung von Ihnen verlangt wird? Wie hat sich Ihre Deutungshypothese verändert?

Nicht immer gelingt es, ein Gedicht befriedigend zu deuten. Keine Panik, wenn Sie das Gedicht trotz gründlicher Analyse nicht verstanden haben. Stellen Sie in diesem Fall Ihren eigenen Verständnisvorgang in den Mittelpunkt der Darstellung. Legen Sie während der Interpretation Ihre Verständnisprobleme dar, formulieren Sie Unsicherheiten und begründen Sie Ihre Zweifel. Diese Bemühungen werden bei der Beurteilung Ihrer Arbeit höher geschätzt als der Versuch, unverstandene Verse einfach unter den Tisch fallen zu lassen.

1.1.7 Die Gliederung

Die Darstellung der Analyse und Interpretation enthält immer eine Einleitung mit den Grundinformationen, einen gegliederten Hauptteil mit den Analyseergebnissen und einen Schluss, der zusammenfasst und abrundet.

Sie haben zwei Möglichkeiten, die Ergebnisse darzustellen:

- in einem **linearen Verfahren,** bei dem sich die Darstellung an der Reihenfolge der Versgruppen bzw. Strophen orientiert.
- in einem **aspektorientierten Verfahren,** bei dem die Darstellung nach den einzelnen Gesichtspunkten der Untersuchung gegliedert ist.

Für welches Verfahren Sie sich entscheiden, hängt auch von der Aufgabenstellung ab. Werden mehrere Untersuchungsaspekte vorgegeben, empfiehlt sich das aspektorientierte Verfahren. Handelt es sich um eine weite Aufgabenstellung, die eine Analyse und Interpretation verlangt, könnte die Darstellung so gegliedert sein:

Basiswissen **Gliederung des Interpretationsaufsatzes**

1. Einleitung:
- Grundinformation (Autor, Titel, Entstehungszeit, Thema)
- Vorverständnis (Eindruck, Fragen, Deutungshypothese)

2. Hauptteil:
2.1 Überblick über die Makrostruktur
- äußere Gliederung (Schriftbild, Versgruppen)
- Rhythmus und Klangcharakter
- Sprechen und Hauptinhalt

2.2 Detailanalyse der einzelnen Versgruppen (Strophen) mit abschnittsweiser Darstellung der wechselseitigen Beziehungen von Inhalt, Form, Stil und Bedeutung

3. Schluss:
- Zusammenfassung und abschließende Deutung des ganzen Gedichts
- Vergleich mit dem Vorverständnis
- Einordnung in literaturgeschichtliche, historische oder biografische Zusammenhänge (falls in der Aufgabenstellung verlangt)

1.1.8 Die richtige Darstellung

Sie sollten die Darstellung so anlegen, dass Ihr Verstehensprozess mühelos nachvollzogen werden kann. Die Sachverhalte müssen klar und eindeutig dargelegt werden und es muss dem Leser möglich sein, Ihre Ergebnisse nachzuprüfen.

Verbindung von Beschreibung und Deutung

Die Beschreibung von Textmerkmalen ist kein Selbstzweck, sondern dient dazu, den Sinn des Gedichts zu erschließen. Zur Beschreibung des Metrums und der Klangstruktur etwa gehört, dass die Wirkung erläutert und zum Inhalt in Beziehung gesetzt wird. Andererseits müssen Deutungen begründet werden. Sie sollten so aus der Beschreibung der Textelemente hergeleitet werden, dass der Leser dies nachvollziehen kann. Hierbei haben Zitate eine wichtige Funktion. Vermeiden Sie Spekulationen ohne Textbezug.

Hintergrundwissen

Sie haben sich auf die Abiturprüfung gut vorbereitet und verfügen daher über zusätzliche Informationen, z. B. über den Autor, sein Werk und seine Zeit. Lassen Sie sich nicht dazu verführen, diese Kenntnisse ohne klaren Bezug zum Untersuchungstext auszubreiten, indem Sie z. B. das Leben des Autors darstellen (es sei denn, in der Aufgabenstellung wird das von Ihnen verlangt). Verwenden Sie Ihr Hintergrundwissen vielmehr dazu, das vorgelegte Gedicht zu erklären. Stellen Sie immer einen Bezug zwischen Vorwissen und Gedicht her.

Sprachliche Darstellung

In allen schriftlichen Arbeiten sind umgangssprachliche oder saloppe Formulierungen nicht zulässig. Erforderlich ist eine sachliche und korrekte Ausdrucksweise. Wenn Sie nicht gerade zitieren, sollten Sie sich vom Wortlaut des Gedichts lösen und in eigenen Worten formulieren.

Fachbegriffe

Bei der Analyse sollten die fachspezifischen Begriffe benutzt werden, weil sie das Gemeinte wesentlich genauer bezeichnen als Wörter der Umgangssprache. Wer die Fachterminologie benutzt, zeigt Distanz zum Text und vermeidet die Gefahr, ihn bloß zu paraphrasieren.

Logische Verknüpfung

In einer Textanalyse werden Zusammenhänge zwischen Textelementen hergestellt, Wechselwirkungen aufgezeigt, Schlussfolgerungen gezogen usw. Die gedanklichen Zusammenhänge müssen durch die entsprechenden sprachlichen Formulierungen angezeigt werden.

Tipp **Formulierungen für logische Verknüpfungen**

- **Folgerung:** Hieraus ergibt sich … / Daran lässt sich erkennen, dass … / Demzufolge … / Folglich …
- **Beleg:** Dies wird deutlich in der Zeile … / Darauf weist auch … hin / Deutlich zum Ausdruck kommt dies in Zeile … / Dafür spricht auch (die Tatsache), dass … / Belegt werden kann dies mit …
- **Einschränkung:** Allerdings ist zu berücksichtigen, dass … / Andererseits … / Dagegen … / Indessen … / Jedoch … / Nicht zu vergessen ist jedoch, dass …
- **Fortführung:** Darüber hinaus findet sich … / Zudem zeigt sich … / Außerdem … / Ein weiterer Aspekt in diesem Zusammenhang ist …
- **Begründung:** Denn … / Da … / Aus diesem Grund …

Zitate

Zitate sind die „Beweisstücke“ Ihrer Analyse, die es ermöglichen, Ihre Gedanken nachzuprüfen. Deshalb müssen Zitate sorgfältig ausgewählt werden. Sie müssen

- als Beleg zur Aussage passen,
- exakt dem Wortlaut des Textes entsprechen,
- grammatisch korrekt mit Ihrer Aussage verknüpft werden.

Außerdem sollten Zitate nicht länger sein, als es für die Beweisführung notwendig ist. Das Abschreiben ganzer Strophen ist zumeist nicht sinnvoll.

Übersichtlichkeit

Ein klarer Aufbau und eine folgerichtige Gedankenführung sind Qualitätsmerkmale Ihrer Klausur:

- Gliedern Sie Ihren Aufsatz in Abschnitte. Machen Sie innerhalb dieser Abschnitte deutlich Absätze, wenn Sie zu einem anderen Aspekt übergehen. So signalisieren Sie, dass ein neuer Gedankengang beginnt.
- Informieren Sie den Leser über Ihr Vorgehen. Besonders neue Abschnitte sollten Sie mit entsprechenden Hinweisen einleiten („Ich gehe nun auf … ein“ / „Ein weiterer Aspekt ist …“ / „Abschließend möchte ich …“).

Analyse und Interpretation

1. Einleitung: Das Gedicht „Die eine Klage“ wurde von Karoline von Günderode verfasst, die von 1780 bis 1806 lebte. In dem Gedicht geht es um den Schmerz einer verlorenen Liebe und um den Rückblick auf die Freuden, die eine Liebe geben kann. Das Gedicht macht auf mich einen traurigen und resignierten Eindruck, da der Verlust der Liebe endgültig scheint; es ist eine Sehnsucht oder Hoffnung auf eine neue Liebe zu erahnen, die jedoch die verlorene Liebe nicht ersetzen kann.

2. Hauptteil:

2.1 Makrostruktur: Der Text ist in vier gleichartigen Strophen angeordnet, in denen je sechs Verse mit einem **Schweifreim** (aabccb) verbunden sind. Die Verse sind aus **Trochäen** aufgebaut, wobei jeweils die Verse 1 und 2 sowie 4 und 5 vierhebig sind und mit **weiblicher Kadenz** enden, die Verse 3 und 6 je dreihebig sind und mit **männlicher Kadenz** enden. Dadurch gerät der Lesefluss in den Versen 3 und 6 ins Stocken, die Aussagen dieser Verse wirken dadurch sehr nachdrücklich.

Durch die **Enjambements** in Vers 1 und 2 in der ersten und dritten Strophe sowie die zahlreichen **Inversionen** (erste Strophe V. 1, 2, 3; zweite Strophe V. 2, 5, 6; dritte Strophe V. 2, 5, 6) und die **Ellipse** (erste Strophe V. 4 und 5, „hat“ ausgelassen) werden die Wörter, die Verlust und Freuden der Liebe ausdrücken, hervorgehoben.

Die **gedankliche Struktur** ist durch einen Spannungsaufbau und -abfall zwischen Strophe 1 und 2 (durch die Konstruktion „Wer – der“) sowie innerhalb der dritten Strophe („Wer“ – „den“) geprägt. Die vierte Strophe ist eine Aufzählung dessen, was verloren gegangen ist, und wirkt wie eine lakonische Zusammenfassung.

Es finden sich keine Personalpronomen der ersten Person, daher ist von einem **verdeckten Sprecher** auszugehen, der das Leiden und den Schmerz distanziert und abgeklärt vorbringt. Nur der Ausruf „O!“ in der dritten Strophe (V. 3) drückt die Resignation und Trauer angesichts der Trostlosigkeit der Situation auch emotional aus.

2.2 Analyse der einzelnen Strophen:
In der **ersten Strophe** wird der Schmerz der Trennung thematisiert. Er wird sowohl körperlich („Sinn") als auch geistig („Geist") empfunden, bezieht sich also auf den ganzen Menschen. Der Chiasmus „Wer geliebt, was er verlohren, / lassen muss, was er erkohren" betont die Verlusterfahrung sehr nachdrücklich, da sie zweimal in je anderer Formulierung zum Ausdruck kommt. Auch die verkürzten Verse 3 und 6 richten die Aufmerksamkeit des Lesers auf den zentralen Inhalt: der Verlust des geliebten Herzens. Auffällig ist, dass durch die Verwendung des Pars pro Toto „Herz" nicht gesagt wird, wer oder was eigentlich verloren wurde. Auch der Grund für die Trennung wird nicht näher erläutert.

Die erste und die zweite Strophe sind durch die Konstruktion „Wer" – „der" satzlogisch aufeinander bezogen. Die **zweite Strophe** beschreibt die Folge der Verlusterfahrung, die in der ersten Strophe beschrieben wurde. Es ist das Verständnis („Der versteht") für die Sehnsucht der Liebe nach der Verschmelzung mit dem „Andern". Das Verlangen nach Einheit und Ganzheit wird durch die Anapher in Vers 3 und 4 („Eins") besonders betont.

Die **dritte Strophe** zeigt, dass der Verlust unwiederbringlich ist und durch nichts getröstet werden kann. Neue Freuden (besondere Betonung des Neuen durch Wiederholung von „neu": „Neue Freuden neu gebohren") ersetzen nicht die alten, verlorenen. Es scheint auch, dass die Liebeserfahrung nur ein einziges Mal stattfinden kann, denn es ist nur von „ein[em] Wesen" und in Strophe 1 von „das geliebte Herz" (nicht „ein" geliebtes Herz) die Rede. Eine Hoffnung auf neue Erfüllung gibt es nicht, nur die Sehnsucht danach (vgl. Strophe 2).

Die **vierte Strophe** hebt das Thema „Verlust" auf eine allgemeine Ebene. Hier scheint es nicht mehr um ein „Wesen", sondern um das „Leben" an sich zu gehen. Dafür spricht auch die Tatsache, dass das Gedicht im letzten Vers eine Wendung ins Religiöse nimmt („kein Gott"). Verloren ist das Leben, das geprägt ist von der Ganzheit des Menschen („Denken und Empfinden", also Verstand und Gefühl), von Erfüllung („Suchen und Finden"), von der Einheit von Sprache, Gefühl und Wahrnehmung („Wort und Sinn und Blick"), von der Ergänzung des einen durch den anderen („Nehmen und Geben"). Durch die Häufung der Konjunktion „und" in dem Polysyndeton der letzten Strophe erscheint die Fülle des Verlusts bzw. der Verlust der Ganzheit umso stärker.

3. Schluss: Das Gedicht ist vordergründig ein Liebesgedicht, das den Schmerz über den Verlust eines geliebten Menschen zum Ausdruck bringt. Das, was verloren ist, wird jedoch nur sehr unbestimmt ausgedrückt. Die erste Strophe spricht von dem „geliebte[n] Herz", die dritte Strophe von einem „Wesen". Auf einer tieferen Ebene scheint es um einen allgemeineren Verlust zu gehen. An zwei Stellen spricht Günderode von „Dasein" und dem „geliebte[n], süße[n] Leben", das unwiederbringlich verloren ist. Der Schmerz bezieht sich offenbar (auch) auf den Verlust einer einstigen Ganzheit des Lebens, für das die Liebe das Symbol ist. Vor diesem Hintergrund könnte auch der Titel verstanden werden: „Die eine Klage" meint weder „die" noch „eine" Klage, bezieht sich nicht auf ein Individuum oder eine bestimmte Verlusterfahrung, sondern meint eine Art Grund- oder Lebensklage, die von einem Verlustgefühl ausgelöst wird, das charakteristisch für das Dasein als solches ist.

1.2 Ein Gedicht in einen Epochenzusammenhang einordnen

Neben den weiten Aufgabenstellungen, die in Kapitel 1.1 dargelegt wurden, gibt es auch Aufgabenstellungen mit Schwerpunkten. Sie verlangen von Ihnen, meist einen besonderen Aspekt des Gedichts herauszuarbeiten. Dabei kann es um bestimmte Motive („Analysieren Sie das Gedicht von ... unter besonderer Berücksichtigung des Verhältnisses von Stadt und Mensch.“) oder die Einordnung in einen Epochenzusammenhang gehen („Analysieren Sie das Gedicht von ... und weisen Sie typische Elemente romantischer Lyrik nach.“).

Die Grundlage einer aspektorientierten Interpretation ist immer die in 1.1 beschriebene Analyse. Zusätzlich müssen Sie bei dieser Art Aufgabenstellung jedoch auch auf Ihr Vorwissen zurückgreifen. Überlegen Sie genau, was von Ihnen verlangt wird, und machen Sie sich zunächst Notizen zu den Aspekten, die Sie genauer untersuchen sollen.

Aufgabe: Legen Sie anhand des Gedichts „Die eine Klage“ von Karoline von Günderode dar, welche universelle Bedeutung der Liebe in der Romantik zukommt.

Vorwissen über die Bedeutung der Liebe in der Romantik

- Die Liebe ist die Aufhebung der Grenzen zwischen Ich und Du.
- Die Vereinigung zweier Liebender ist das Symbol für eine Ganzheit, in der die beiden getrennten Prinzipien (männlich und weiblich) wieder eins sind.
- Die Romantiker streben die Einheit des Menschen mit Gott und der Natur an, die einst vorhanden war (Goldenes Zeitalter), aber in der Gegenwart verloren ist. Liebe und Poesie können diese Einheit in der Zukunft wiederherstellen (Novalis, „Wenn nicht mehr Zahlen und Figuren“).

Analyse und Interpretation

Die universelle Bedeutung der Liebe in Günderodes Gedicht „Die eine Klage“

Die Gegenwart des Sprechers ist geprägt von Trennung und dem Verlust der einstigen Ganzheit. Dass es dabei nicht nur um den Verlust des oder der Geliebten geht, belegen Ausdrücke wie „des Daseins Pein“ oder das „geliebte, süße Leben“, das unwiederbringlich verloren ist. Aus dem Schmerz über die Trennung erwächst die Sehnsucht nach dem Wiederfinden der verlorenen Ganzheit in der Zukunft. Dieses Wiederfinden der Ganzheit ist ein Verschmelzen durch die Aufhebung der Grenzen der beiden Liebespartner (dritte Strophe). Diese Verschmelzung, bei der alles Trennende überwunden wird, würde des „Daseins Pein“ verschwinden lassen. Mithilfe der Liebe könnte also diese existenzielle Erfahrung der Trennung, die in der Romantik immer auch eine Trennung von Gott und der Natur ist, im Dasein überwunden werden. Die Liebe wird so überhöht (transzendiert) und erhält eine universelle Bedeutung.

1.3 Gedichte miteinander vergleichen

Zum Vergleich werden gewöhnlich Gedichte mit ähnlicher Thematik vorgelegt. Damit die Aufgabe in der vorgesehenen Arbeitszeit bewältigt werden kann, wird die Aufgabenstellung häufig auf einige wenige Aspekte eingeschränkt. Für einen Gedichtvergleich gilt zunächst dasselbe Vorgehen wie bei der Analyse und Interpretation (vgl. 1.1).

Die Vorarbeiten beim Gedichtvergleich

1. **Aufgabenstellung** erfassen: Achten Sie auf die Untersuchungsaspekte bzw. Schwerpunkte.
2. **Erstes Gedicht:** Lektüre und systematische Analyse
3. **Zweites Gedicht:** Lektüre und systematische Analyse
4. **Vergleich** der Gedichte; analysieren Sie die Gemeinsamkeiten und Unterschiede unter den Aspekten: Form – Inhalt – Bildhaftigkeit
5. **Rückblick** auf die Vorarbeiten
6. **Gliederung;** drei verschiedene Darstellungsweisen sind möglich:

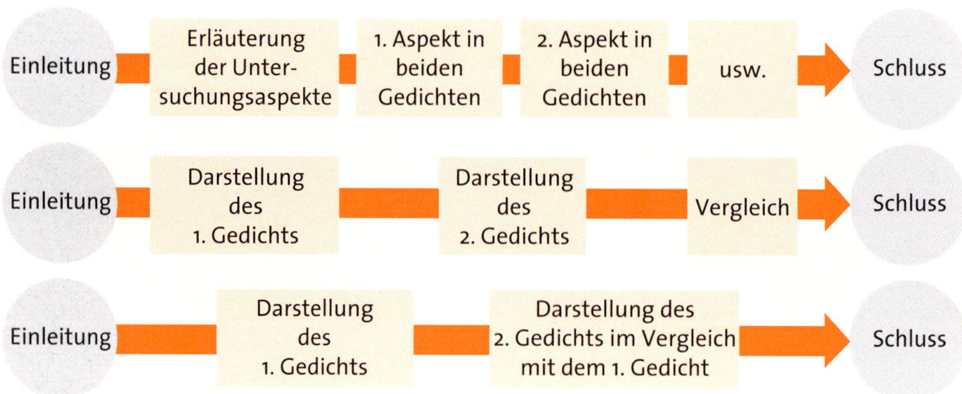

Die erste (aspektorientierte) Darstellungsweise setzt voraus, dass man vorab die Untersuchungsaspekte festlegt (z. B. Sprecher – Klangelemente – Menschenbild). Es kann leicht passieren, dass die Darstellung in unzusammenhängende Einzelbeobachtungen zerfällt.

Bei der zweiten Möglichkeit besteht die Gefahr, dass entweder nur ein sehr kurzer Vergleich angehängt wird oder dass an dieser Stelle die Ergebnisse der Einzelanalyse wiederholt werden.

Bei der dritten Alternative verbindet man die Darstellung des zweiten Gedichts mit dem Vergleich. Dies ist auch unter dem zeitökonomischen Aspekt vorteilhaft. Man sollte aber darauf achten, dass beide Gedichte mit der gleichen Intensität behandelt werden.

Ulla Hahn: Mit Haut und Haar (1981)

Ich zog dich aus der Senke deiner Jahre
und tauchte dich in meinen Sommer ein
ich leckte dir die Hand und Haut und Haare
und schwor dir ewig mein und dein zu sein.

Du wendetest mich um. Du branntest mir dein Zeichen
mit sanftem Feuer in das dünne Fell.
Da ließ ich von mir ab. Und schnell
begann ich vor mir selbst zurückzuweichen

und meinem Schwur. Anfangs blieb noch Erinnern
ein schöner Überrest der nach mir rief.
Da aber war ich schon in deinem Innern
vor mir verborgen. Du verbargst mich tief.

Bis ich ganz in dir aufgegangen war:
da spucktest du mich aus mit Haut und Haar.

Aufgabe: Interpretieren und vergleichen Sie Karoline von Günderodes Gedicht „Die eine Klage“ (vgl. Kap. 1.1.1) und Ulla Hahns Gedicht „Mit Haut und Haar“, indem Sie vor allem jeweils die Erwartungen an und die Realität der Liebe diskutieren.

Analyse und Interpretation

Einleitung: Sowohl das Gedicht „Die eine Klage“ von Karoline von Günderode (1780–1806) als auch das Gedicht „Mit Haut und Haar“ von Ulla Hahn (* 1946) thematisiert den Verlust einer Liebe. In beiden Gedichten klingt der Schmerz um den Verlust an. Die Stimmung in Günderodes Gedicht ist eher melancholisch und distanziert, während Ulla Hahns Zeilen durch die Du-Ansprache direkter und anklagender wirken.

Hauptteil:

1. Darstellung von „Die eine Klage“ von Karoline von Günderode: Siehe die Interpretation von Seite 11 und Seite 12.

2. Darstellung von Ulla Hahns „Mit Haut und Haar“: Wie Günderodes Gedicht besteht auch „Mit Haut und Haar“ aus vier Strophen, wobei die drei ersten Strophen vier Verse enthalten, die letzte Strophe nur zwei Verse. Das Metrum ist ein fünfhebiger Jambus mit dem Reimschema abab / cddc / efef / gg. Während das Versmaß in der ersten Strophe gleichförmig ist, beginnen ab der zweiten Strophe Abweichungen von der rhythmischen Struktur (zweite Strophe, V. 1: sechshebig), die eine Unsicherheit beim Lesen hervorrufen, die ihren Höhepunkt in Vers 1 der dritten Strophe findet („Anfang“), wo Metrum und natürliche Betonung einander widersprechen. Verstärkt wird dieser Effekt durch zahlreiche Zeilensprünge (zweite Strophe, V. 1/2 und 3/4; dritte Strophe, V. 3/4) und einen Strophensprung zwischen der zweiten und dritten Strophe.

Der Sinn für diese Abweichungen von der Gleichförmigkeit, die beim Lesen eine Unsicherheit hervorrufen, liegt im Inhalt: In der **ersten Strophe** beschreibt das lyrische Ich den Beginn der Liebesbeziehung. Es scheint zunächst der aktive Part gewesen zu sein und das Du, scheinbar eine ältere Person („aus der Senke deiner Jahre“), umworben und umsorgt zu haben. Das Zeitmotiv „Sommer“ steht dabei für das gesunde, blühende Leben, in dem sich das Ich befindet, aber auch zugleich für die Wärme, Treue und Fürsorge, die es dem Partner gibt. Das Fürsorgemotiv wird im dritten Vers weitergesponnen und mit einer Metapher aus dem tierischen Bereich verknüpft: Mit dem Lecken von Hand und Haut und Haaren assoziiert der Leser eine Hündin, die ihre Welpen umsorgt. Zunächst erfährt der Leser nicht, welche Rolle dem Du zukommt, denn auch der Liebesschwur zu Beginn der Beziehung ist einseitig: Das lyrische Ich schwor, dem Du „ewig mein und dein zu sein“ – eine Erweiterung des traditionellen Liebesschwurs „ewig dein“. Dass das Ich auch „ewig mein“ zu sein schwor, betont den anfänglichen Anspruch des lyrischen Ichs, sich selbst nicht aufgeben zu wollen, eine gleichberechtigte Partnerschaft anzustreben.

Die **zweite Strophe** zeigt, dass die Hoffnung des lyrischen Ichs darauf, in der Beziehung sowohl sich selbst als auch dem anderen angehören zu können, enttäuscht wird. Denn das „Du“ nimmt das Ich in Besitz. Die Metapher dafür („Du branntest mir dein Zeichen …“) stammt wieder aus dem tierischen Bereich. Der Leser assoziiert, wie einem Schaf oder einer Kuh ein Brandzeichen auf das Fell gepresst wird. Dass es ein „dünne[s] Fell“ ist, zeigt, dass das Ich kaum Widerstand aufbrachte und der Inbesitznahme schutzlos ausgeliefert war. Dieses Einverleiben spiegelt sich auch im Reim wider, dem einzigen umarmenden Reim (cddc) im Gedicht.

Die Folge für das lyrische Ich in der **dritten Strophe** ist der Identitätsverlust bis zur Aufgabe seiner selbst. Es findet sich am Ende tief im Innern des „Du“ wieder, bis in der **vierten Strophe** die Beziehung endet. Das gewaltsame Ende der Liebe spiegelt sich in dem Fehlen der letzten beiden Verszeilen der vierten Strophe, die das Gedicht abrupt enden lassen. Auch um das Ende zu beschreiben, bezieht Ulla Hahn die Metaphern wieder aus dem tierischen Bereich. Das Ende der Liebe wird mit dem Ausspucken von Nahrung in Verbindung gebracht. Diese Zeile pervertiert die Redewendung „Ich fresse dich mit Haut und Haar“. Das Animalische dieser Liebe birgt auch das Zerstörende in sich. Bei der letzten Metapher assoziiert der Leser eine Katze, die eine Maus frisst und dann das Unverdauliche wie Knochen, Haut und Haare wieder ausspuckt.

3. Vergleich von „Mit Haut und Haar“ mit „Die eine Klage“ unter besonderer Berücksichtigung der Erwartungen an und der Realität der Liebe:

Sowohl in Karoline von Günderodes als auch in Ulla Hahns Gedicht herrschen tiefer Schmerz und Verletztheit angesichts des Verlusts der Liebe. Beide Sprecher hatten von der Liebe etwas Dauerhaftes erwartet, das belegen die Trauer und der Schmerz über den Verlust bei Günderode und die Aussage des lyrischen Ichs bei Hahn, das in der ersten Strophe schwört, „ewig mein und dein zu sein“. Günderodes Sprecher erwartet von der Liebe eine Ganzheit („Eins in Zwei zu sein / Eins im Andern sich zu finden“), die bis zur totalen Verschmelzung mit dem Du geht („Dass der Zweiheit Gränzen schwinden“). Auch bei Hahn bedeutet „mein und dein zu sein“, dass die Partner einander angehören, aber zugleich auch ihre eigene Identität und Persönlichkeit bewahren; die Grenzen der Zweiheit sind zugleich aufgehoben und noch präsent. Bei Günderode ist trotz des Verlusts dieser Ganzheit durch den Verlust der Liebe dennoch die Möglichkeit gegeben, in der Sehnsucht den Zustand der Ganzheit wieder anzustreben. Bei Hahn findet sich jedoch nichts dergleichen. Hier erscheint die Verschmelzung mit dem Partner pervertiert, indem das Ich vom Partner verschlungen wird und ganz in ihm aufgeht, d.h. seine Identität und Persönlichkeit ablegt („ein schöner Überrest von mir …“; „vor mir verborgen“).

1.4 Kreative Schreibaufträge

Bei kreativen Schreibaufträgen kommt es darauf an, die Eigenarten des Gedichts (Aussage, Stimmung des Sprechers, sprachliche Bilder, formale Merkmale) zu erfassen und auf einen anderen Text zu übertragen. Die genaue Textanalyse der Vorlage ist auch hierbei grundlegend.

Soll ein **Parallelgedicht** verfasst werden, orientiert sich das zu schreibende Gedicht an der Form des Originalgedichts. Reimschema und Silbenzahl sollten mit dem Original übereinstimmen. Inhalt oder Aussagen werden beim Gegengedicht ins Gegenteil verkehrt oder parodiert. Die Perspektive, z. B. lyrische Personen, das Thema des Gedichts oder Teilinhalte dürfen verändert werden.

Häufig wird auch von Ihnen verlangt, einen **Prosatext** zu verfassen, etwa einen Leserbrief, einen Kommentar, einen persönlichen Brief oder einen Tagebucheintrag. Überlegen Sie zuerst, welche Kennzeichen die jeweilige Textsorte prägen. Prüfen Sie dann, welche Aspekte die Gedichtanalyse Ihnen für das Verfassen des neuen Textes zur Verfügung stellt.

Brief oder Tagebucheintrag

Zu einem Thema wird ein Brief an eine echte oder fiktive Person oder ein Tagebucheintrag geschrieben. Der Brief greift die Gedanken, Gefühle und Stimmungen des Gedichts auf und formuliert sie in einer persönlichen Ausdrucksweise.

Kommentar oder Leserbrief

Ein Kommentar oder ein Leserbrief ist eine subjektive Stellungnahme zu einem Thema, bei der die persönliche Meinung des Verfassers sichtbar wird. Er kann kritische Fragen und Argumente sowie Ironie enthalten. Bewertende Kommentare geben eine Beurteilung zu einem Thema und erläutern und begründen sie. Ein argumentierender Kommentar will den Leser mit Tatsachen überzeugen

Artikel für eine Zeitung oder Zeitschrift

Häufig verlangt die Aufgabenstellung auch von Ihnen, zu einem Gedicht einen Artikel für eine Tages- oder Schülerzeitung oder eine Zeitschrift zu verfassen. Handelt es sich um einen Bericht oder eine Nachricht, muss der Text Fakten sachlich nüchtern vortragen und sich jeder Wertung enthalten. Aussagen von Betroffenen oder Experten können in wörtlicher Rede erscheinen. Folgende Punkte sind zu beachten:

- Soll der Artikel in einer seriösen Zeitung oder Zeitschrift oder in der Boulevardpresse erscheinen?
- Der einleitende Abschnitt stellt den Sachverhalt (Wer?, Wann? und Wo?) in wenigen Sätzen dar.
- Die weiteren Abschnitte bringen die wichtigsten Fakten und Hintergrundinformationen.
- Äußerungen von Augenzeugen oder Experten belegen die Thesen oder Argumente.
- Die Überschrift muss passend und prägnant sein.

Aufgabe: Eine Frauenzeitschrift plant eine Artikelserie über Beziehungsprobleme zwischen Frauen und Männern. Verfassen Sie einen Artikel, der die Erlebnisse der Sprecherin des Gedichts „Mit Haut und Haar“ von Ulla Hahn verarbeitet.

Vorüberlegungen: Merkmale eines Artikels in einer Frauenzeitschrift

Griffige Überschrift; einige Einleitungssätze, die zum Thema hinführen; Zitate der Betroffenen, die ihre Gefühle zum Ausdruck bringen („ich“); sachlicher Erzähltext, der die äußeren Umstände der Betroffenen beschreibt („sie“).

Ausgangstext: Was erfahren Sie über das lyrische Ich? Er/Sie verliebt sich in älteren Partner, wird von der Liebe enttäuscht. Welche Gefühle kommen zum Ausdruck? Zuerst Hoffnung auf erfüllte Partnerschaft, dann Enttäuschung, Anklage. Gibt es eine Handlung? Sprecher/in verliebt sich in älteren Partner; er versucht sie zu beherrschen, übernimmt die führende Rolle in der Partnerschaft; sie gibt sich selbst auf; er trennt sich von ihr.

Artikel für eine Frauenzeitschrift

Umgedreht und ausgespuckt – Frauen, die ihre Persönlichkeit in der Liebe nicht bewahren können

Frauen erwarten von ihrem Partner vor allem Erfüllung in der Liebe und die Möglichkeit, die eigene Persönlichkeit zu entfalten. So lauten die Ergebnisse neuester Umfragen. Doch die Wirklichkeit sieht oft anders aus.

Ulrike H. (33) verliebte sich vor einigen Jahren in einen etwas älteren Mann. „Ich hatte so große Hoffnungen, endlich eine erfüllte und gleichberechtigte Partnerschaft zu finden. Er war sehr reif und sehr überlegen. Ich hoffte, endlich einen Partner zu haben, der mir die Möglichkeit gibt, ich selbst sein zu können. Ich dachte, es sei der Mann fürs Leben.“

Doch es kam anders, als Ulrike H. erwartet hatte. Schon nach kurzer Zeit verwandelte sich der verständnisvolle Mann in einen besitzergreifenden Macho. Zunächst geschah alles langsam und unbemerkt. Er mochte ihre Freunde nicht, wollte am Wochenende lieber Fußball schauen, als mit ihr auszugehen. Über ihre Hobbys machte er sich lustig und erwartete von ihr, dass sie beruflich zurücksteckte, weil er seine Karriere verfolgen wollte. „Ich zog mich immer mehr zurück“, so Ulrike H. im Rückblick, „und passte mich ihm an, um ihn nicht zu verärgern. Ich hatte Angst, ihn zu verlieren. Ich gab mein Leben für ihn auf, auch meinen Beruf.“

Doch das brachte ihr kein Glück. Nach fünf Jahren verließ er sie für eine andere. Sie sei ihm zu langweilig und hätte keine eigenen Interessen, sagte er ihr, er würde sie gar nicht mehr als eigenständige Person wahrnehmen. „Ich kam mir vor wie umgedreht und ausgespuckt“, sagt Ulrike H. traurig, „ich war enttäuscht und todunglücklich. Schon wieder eine verlorene Liebe.“

2
Formale und inhaltliche Merkmale von Gedichten

2.1
Zeile, Vers und Strophe

Gedichte haben ein besonderes Schriftbild, das beim Lesen als Erstes auffällt. Anders als ein Prosatext, der fortlaufend notiert ist, ist der Gedichttext vom Autor bewusst in Zeilen (Verse) einer bestimmten Länge gegliedert. Eine bestimmte Anzahl von Versen kann zu Abschnitten oder Strophen zusammengefasst sein.

Es gibt zwei verschiedene Arten von Verszeilen:

- Die **„echten" Verse** weisen meist regelmäßige Betonungen und Reime auf.
- Die **freien Verse** unterscheiden sich nur durch das Druckbild von Prosazeilen und sind typisch für die Lyrik der Gegenwart.

Die gleichmäßige Länge der Verszeilen erweckt einen geschlossenen und geordneten Eindruck. Unterschiedliche Verszeilen wirken unruhig und disharmonisch.

Je nachdem, in welchem Verhältnis der Satzbau zu dem Zeilenaufbau des Gedichts steht, ergeben sich mehrere Wirkungsmöglichkeiten:

Name	Beschreibung	Beispiel
Zeilenstil	Das Ende eines Satzes oder Satzteils fällt mit dem Ende eines Verses / einer Zeile zusammen. Es wird ein geordneter und gleichmäßiger Eindruck erzeugt. Der Zeilenstil ist der Normalfall und muss bei der Analyse und Interpretation nicht erläutert werden.	Die Waage gleicht der großen Welt: Das Leichte steigt, das Schwere fällt. (Gotthold Ephraim Lessing, Die große Welt)
Zeilensprung (Enjambement)	Satz- und Versende fallen nicht zusammen, sondern der Vers greift auf die nächste Zeile über. Der Lesefluss gerät ins Stocken und die Wörter am Satzende sowie am folgenden Versanfang werden hervorgehoben. Die Wirkung wird gesteigert, wenn das Enjambement zwischen Strophen erfolgt (**Strophensprung**). Enden die meisten oder alle Verszeilen einer Strophe mit einem Zeilensprung, spricht man von **Hakenstil**. Der Hakenstil widerspricht den Erwartungen des Lesers, deshalb muss in diesem Fall immer nach der Wirkungsabsicht gefragt werden.	Die Wangen werden bleich, der muntern Augen Zier Vergeht gleich als der Schein der schon verbrannten Kerzen. (Andreas Gryphius, Tränen in schwerer Krankheit)

Leerzeilen gliedern ein Gedicht in Gruppen von Verszeilen. Sie werden Abschnitte bzw. Strophen genannt.

Von **Abschnitten** spricht man, wenn in einem Gedicht freie Verse zu unterschiedlich großen Gruppen zusammengefasst werden. Für die Bildung solcher Abschnitte gibt es keine formalen Regeln oder Zwänge. Man kann daher erwarten, dass sie die inhaltliche Gliederung des Gedichts widerspiegeln.

Von **Strophen** spricht man, wenn ähnlich oder gleich gebaute (echte) Verse zu gleichartigen Gruppen zusammengefasst werden.

- **Paarige Strophen,** vor allem Vierzeiler mit Paarreim, Kreuzreim oder umfassendem Reim (z. B. Volksliedstrophe), wirken in sich geschlossen und symmetrisch.
- **Unpaarige Strophen,** wie Drei- oder Fünfzeiler, wirken infolge des fehlenden oder überzähligen Reims im Allgemeinen offener, spannungsreicher und dynamischer. Der Vers, der entweder in dieser Strophe nicht gereimt wird („Waise“) oder aber einen zusätzlichen und unerwarteten dritten Reim enthält, zieht die Aufmerksamkeit des Lesers auf sich. Die häufigste unpaarige Strophenform ist die Terzine.

Besondere Strophenformen

- **Chevy-Chase-Strophe:** Vierzeiler mit abwechselnd drei und vier Hebungen, zwei Waisen (alternativ mit Kreuzreim oder reimlos), nur männliche Kadenzen; häufig in Balladen
- **Distichon:** Zweizeiler in der antiken Dichtung, besteht aus einem Hexameter und einem Pentameter
- **Stanze:** jambischer Achtzeiler (ursprünglich elf Silben), übliche Reimform: abababcc, Hervorhebung des letzten Verspaars durch die Reime
- **Terzine:** jambischer Dreizeiler mit fünf Hebungen, Kettenreim mit Schlusszeile: aba bcb … xyx yzy z
- **Volksliedstrophe:** jambischer Vierzeiler mit drei oder vier Hebungen, meist Kreuzreim (abab) mit abwechselnd männlichen und weiblichen Kadenzen

Die Untersuchung des Gedichts kann man damit beginnen, dass man von dem Druckbild ausgeht, sich die äußere Gliederung des Gedichts klarmacht und auffällige Elemente des Satzbaus festhält.

Tipp **Analyse der Strophen und Abschnitte**

1. Beschreiben Sie das Schriftbild (Verszeilen, Versgruppen, verschiedene Schrifttypen, Einrückungen) und benennen Sie – falls möglich – die Strophenform.
2. Vergleichen Sie Verszeilen und Sätze (Abweichungen vom Zeilenstil?).
3. Stellen Sie eine Beziehung zum Inhalt her (Gliederung, Hervorhebung, Verknüpfung).

2.2 Reimfolgen und Reimformen

Reime stellen die auffälligsten Klangelemente der Lyrik dar. Von einem Reim spricht man, wenn zwei oder mehr Wörter (Reimwörter) vom letzten betonten Vokal an gleich klingen. Entscheidend ist dabei die Aussprache, nicht das Schriftbild.

- Beim **reinen Reim** haben die Reimwörter den gleichen Klangwert (mein / dein; Geld / fällt).
- Beim **unreinen Reim** ist der Klang nur annähernd gleich (Gassen / Straßen; Gemüt / Lied; Haus / schaust).

Gleiche Reimwörter werden bei der Analyse mit gleichen Buchstaben bezeichnet. Nach der Stellung am Versende unterscheidet man folgende Reime:

Name	Beschreibung	Beispiel
Paarreim (aabb)	Zwei unmittelbar aufeinanderfolgende Verszeilen reimen sich.	Die Mitternacht zog näher schon; In stummer Ruh lag Babylon. Nur oben in des Königs Schloss Da flackerts, da lärmt des Königs Tross. (Heinrich Heine, Belsazar)
Kreuzreim (abab)	Jede Verszeile reimt mit der übernächsten, wodurch vier Verszeilen miteinander verbunden werden.	Es war ein König in Thule Gar treu bis an das Grab, Dem sterbend seine Buhle Einen goldnen Becher gab. (Goethe, Der König in Thule)
umarmender (umschließender) **Reim** (abba)	Ein Paarreim wird von einem weiteren Reim **umschlossen.** Hierbei entsteht ebenfalls eine vierzeilige Strophe.	Lasst uns tanzen, lasst uns springen, Lasst uns laufen für und für, Denn durch Tanzen lernen wir Eine Kunst von schönen Dingen! (Paul Fleming, Aus dem Italienischen)
Schweifreim (aabccb)	Die Reimstellung eignet sich besonders, um sechszeilige Strophen zu **bilden.** Der Schweifreim verbindet häufig die beiden Terzette in einem Sonett.	Der Mond ist aufgegangen, Die goldnen Sternlein prangen Am Himmel hell und klar; Der Wald steht schwarz und schweiget, Und aus den Wiesen steiget Der weiße Nebel wunderbar. (Matthias Claudius, Abendlied)

Als **Waise** (markiert mit x und y) bezeichnet man einen ungereimten Vers in einem sonst gereimten Gedicht. Eine Waise kann ebenso wie ein einzelnes Reimpaar in einem sonst reimlosen Gedicht besondere Aufmerksamkeit erregen.

Neben den häufigen Reimanordnungen gibt es seltenere Stellungen, z. B. den **Dreireim** (aaa), den **verschränkten Reim** (abcabc), den **Haufenreim** (aaabbb) und den **unterbrochenen Reim,** bei dem nur jede zweite Verszeile reimt (axay). Je länger der Gleichklang der Wörter anhält, desto größer ist der Eindruck auf Hörer und Leser. Nach Klangfülle, Silbenzahl und Stellung unterscheidet man folgende Reimformen:

Name	Beschreibung	Beispiel
männlicher / stumpfer Reim	einsilbig; endet mit einer Hebung	Wínd – Kínd
weiblicher / klingender Reim	enthält nach der betonten noch eine unbetonte Silbe	Gípfel – Wípfel
gleitender / dreisilbiger Reim	auf die betonte Silbe folgen noch zwei unbetonte Silben	Sín-gen-de – Sprín-gen-de
Doppelreim	die Reimwörter reimen sich bereits ab dem vorletzten betonten Vokal, wobei sich der Reim auf zwei Wörter verteilen kann	Die Abendwinde wehen Ich muss zur Linde gehen (Clemens Brentano)
Schüttelreim	humoristische Variante des Doppelreims, bei dem die Anfangskonsonanten der Reimwörter vertauscht werden	Du sollst dein krankes Nierenbecken nicht mit zu kalten Bieren necken (Eugen Roth)
Binnenreim	Reim innerhalb eines Verses	Sie blüht und glüht und leuchtet (Heinrich Heine)
Anfangsreim	die ersten Wörter zweier aufeinanderfolgender Verse reimen	Krieg! ist das Losungswort. Sieg! und so klingt es fort. (Goethe)

Funktion des Reims

Reime erfüllen in Gedichten zwei wichtige Funktionen:

- Reime sind **Bauelemente** des Gedichts. Sie gliedern das Gedicht, indem sie Verse miteinander verknüpfen oder voneinander abgrenzen. Auf diese Weise werden auch Gedanken und Vorstellungen strukturiert.
- Reime sind **Stilelemente** des Gedichts. Mit ihrer Hilfe können bedeutsame Wörter gezielt hervorgehoben werden. Ihr Wohlklang kann eine harmonische Stimmung erzeugen, der zum Inhalt passt oder dazu in ein Spannungsverhältnis tritt.

Während im 19. Jahrhundert fast alle Gedichte gereimt waren, ist der Reim in der **Gegenwartsliteratur** zu einer Ausnahme geworden. Dies hat v. a. drei Gründe:

- Der Zwang, zu reimen, schränkt Aussagemöglichkeit und Gestaltungsfreiheit ein.
- Der Gleichklang schafft eine Harmonie. Dieser Effekt ist oft nicht erwünscht.
- Viele Reime haben sich durch den ständigen Gebrauch (z. B. im Schlager) abgenutzt, sie sind langweilig oder peinlich geworden (Herz / Schmerz; Liebe / Triebe).

Tipp **Analyse des Reims**

1. Bestimmen Sie die Reimform und die Reimfolge.
2. Untersuchen Sie, wie die Reime den Text strukturieren bzw. wichtige Wörter hervorheben.
3. Überlegen Sie, in welcher Beziehung die Reime zur Textaussage stehen.

2.3
Takt, Rhythmus und Versmaß

2.3.1
Gedichte in Versen

Im Gegensatz zu Prosatexten werden in Gedichten, die in Versen gehalten sind, die betonten Silben (Hebungen; schematisch: x́) und die unbetonten Silben (Senkungen; schematisch: x) vorab durch einen speziellen Bauplan, das **Versmaß** oder das **Metrum,** festgelegt. So entsteht ein Rhythmus, der aus der Abfolge von Hebungen und Senkungen besteht. Zur Beschreibung des Metrums dienen folgende Begriffe:

Name	Beschreibung	Beispiel
Jambus (x x́)	steigende Silbenfolge von der Senkung zur Hebung; jambische Verse wirken weich und gleitend	Am Brúnnen vór dem Tóre Da stéht ein Líndenbáum (Wilhelm Müller, Der Lindenbaum)
Trochäus (x́ x)	fallende Silbenfolge von der Hebung zur Senkung; trochäische Verse wirken härter und kräftiger	Fréude, schő̈ner Gő̈tterfúnken, Tóchter áus Elýsíum (Schiller, An die Freude)
Daktylus (x́ x x)	dreisilbige Folge aus einer Hebung und zwei Senkungen; daktylische Verse wirken lebhaft und dynamisch, häufig auch feierlich	Ä́nnchen von Thárau ists, díe mir gefä́llt, Síe ist meín Lében, mein Gút und mein Géld. (Unbekannter Dichter)
Anapäst (x x x́)	dreisilbige Folge aus zwei Senkungen und einer Hebung	Paradíes

Von **Alternation** spricht man, wenn der Wechsel von Hebungen und Senkungen regelmäßig ist wie z. B. bei Jambus und Trochäus. Ein oder zwei Silben vor der ersten Hebung bezeichnet man als **Auftakt.** Ein Einschnitt in einem längeren Vers, der durch den Satzbau (Komma oder Punkt) bedingt ist, nennt man **Zäsur:**

Der schnelle Tag ist hin, die Nacht schwingt ihre Fahn.
(Andreas Gryphius, Abend)

Als **Kadenz** bezeichnet man den Abschluss eines Verses. Es gibt männliche und weibliche Kadenzen.

Name	Beschreibung	Beispiel
männliche Kadenz	Versschluss mit einer Hebung	Der Nébel stéigt, es fä́llt das Láub (Theodor Storm, Oktoberlied)
weibliche Kadenz	Versschluss mit einer Senkung	Hő̈r, es klágt die Flő̈te wieder (Clemens Brentano, Abendständchen)

Als **freie Rhythmen** bezeichnet man Verse, die zwar kein einheitliches Metrum und keine Reime haben, aber trotzdem sehr rhythmisch geprägt sind:

Am blassen Meeresstrande
Saß ich gedankenbekümmert und einsam.
(Heinrich Heine, Abenddämmerung)

Besondere Versmaße

Oft genügt es, das Versmaß mit den oben genannten Begriffen zu charakterisieren, also z. B. von einem jambischen Vierzeiler mit männlicher Kadenz zu sprechen. Einige besondere Versmaße tragen jedoch spezielle Namen.

<table>
<tr><th>Name</th><th>Beschreibung</th><th>Beispiel</th></tr>
<tr><td>Alexandriner</td><td>sechshebige Jamben mit Reim und fester Zäsur nach der dritten Hebung:
(x x́ x x́ x x́ | x x́ x x́ x x́ [x])
gebräuchlichster Vers in der Barocklyrik (Sonette)</td><td>Ich wéiß nicht, wás ich wíll
ich wíll nicht, wás ich wéiß:
Im Sómmer íst mir kált
im Wínter íst mir héiß.
(Martin Opitz, Sonnet)</td></tr>
<tr><td>Blankvers</td><td>fünfhebige Jamben ohne Reim:
x x́ x x́ x x́ x x́ x x́ [x]</td><td>Heráus in éure Schátten, rége Wípfel
Des álten héil'gen, díchtbeláubten Háines
(Goethe, Iphigenie)</td></tr>
<tr><td>Hexameter</td><td>antiker Vers mit sechs Hebungen, dazwischen ein oder zwei Senkungen:
x́ x [x] x́ x [x] x́ x [x] x́ x [x] x́ x [x] x́ x</td><td>Ím Hexámeter stéigt des Spríngquells flǘssige Sä́ule.</td></tr>
<tr><td>Pentameter</td><td>antiker Vers mit fünf, im Deutschen sechs Hebungen und einer Zäsur:
x́ x [x] x́ x [x] x́ | x́ x [x] x́ x [x] x́ [x]
tritt fast nur in Verbindung mit einem Hexameter auf (Distichon)</td><td>Im Pentámeter dráuf fä́llt sie melódisch heráb.
(Schiller, Das Distichon)</td></tr>
</table>

Abweichungen von der rhythmischen Struktur

Der Autor kann die Erwartungen des Lesers oder Hörers bewusst enttäuschen, um Aufmerksamkeit zu erzielen oder Eintönigkeit zu vermeiden.

- **Variation der Senkungen:** Einzelne Doppelsenkungen in sonst alternierenden Versen oder einzelne einfache Senkungen in einem daktylischen Metrum können Monotonie verhindern und auf wichtige Wörter hinweisen.
- **Veränderung der Verslänge:** Auch ein auffallend längerer oder kürzerer Vers kann belebend wirken und die Aufmerksamkeit des Lesers auf sich ziehen, wie z. B. in den Versen 4 und 5 von Ludwig Heinrich Höltys „Frühlingslied".

Die Luft ist blau, das Tal ist grün,
Die kleinen Maienglocken blühn,
Und Schlüsselblumen drunter;
Der Wiesengrund
Ist schon so bunt,
Und malt sich täglich bunter.

- **Akzentversetzung:** In Ausnahmefällen können Metrum und natürliche Betonung sich widersprechen. Dies ist der Fall, wenn der Sinn- oder Wortakzent dort eine Betonung erzwingt, wo das Versmaß eine Senkung vorsieht bzw. umgekehrt.

O Jüngling, sei weise, verwein nicht vergebens
Die fröhlichsten Stunden des traurigen Lebens,
Wenn flatterhaft je dich ein Mädchen vergisst.
Geh, ruf sie zurücke, die vorigen Zeiten!
Es küsst sich so süße der Busen der Zweiten,
Als kaum sich der Busen der Ersten geküsst.
(Goethe, Unbeständigkeit, 2. Strophe)

Goethe füllt in dem vierten Vers der zweiten Strophe des Gedichts „Unbeständigkeit“ den Auftakt mit der betonungsfordernden Silbe „Geh“, sodass dieser Appell „Geh, ruf“ sehr nachdrücklich wirkt.

Tipp **Das Metrum bestimmen**

1. Sprechen Sie die Verse möglichst ausdruckslos, um die Hebungen herauszuhören. Dieses „leiernde“ Lesen bezeichnet man als Skandieren.
2. Setzen Sie für jede betonte Silbe ein x́, für jede unbetonte ein x.
3. Bestimmen Sie die Anzahl der Hebungen.
4. Ist das Versmaß alternierend (jambisch oder trochäisch) oder daktylisch?
5. Schließen die Verse mit männlichen oder weiblichen Kadenzen?
6. Liegt ein besonderes Versmaß vor?
7. Wie wirkt das Versmaß?
8. Wird an einigen Stellen vom Metrum abgewichen? Warum?

2.3.2 Gedichte in freien Versen

Bei freien Versen sind die einzelnen Verszeilen und Abschnitte weder einem Metrum noch einem Reimschema unterworfen und nähern sich stark der Prosa an. Davon sind sie oft lediglich durch die Zeilenbrechung bzw. die Verwendung anderer Formelemente (s. Kapitel 2.4) unterschieden. In der deutschen Literatur haben sich freie Verse seit dem Expressionismus verbreitet und beherrschen die Gegenwartslyrik.

Erst die Zeit
dann eine Fliege
vielleicht eine Maus
dann möglichst viele Menschen,
dann wieder die Zeit
(Erich Fried, Totschlagen)

Durch den häufigen Zeilenwechsel in Erich Frieds Gedicht „Totschlagen“ wird der Leser gezwungen, langsamer zu lesen. So erhält die Aussage in jeder Zeile jeweils ein größeres Gewicht. Auch stehen die wichtigsten Wörter, also die Bezeichnungen der Opfer (Zeit, Fliege, Mais, Menschen, Zeit) am besonders betonten Zeilenende. Zusätzlich verdeutlicht Fried seinen Gedankengang mithilfe der unterschiedlichen Zeilenlängen. Denn so wie sich die Vorgänge von der Langeweile bis zum Totschlag steigern, werden auch die Verszeilen immer länger, bis sie in der vierten Zeile den Höhepunkt erreichen.

2.4
Stilistische Mittel und Klangfiguren

Im Satzbau und mit den Klangelementen weichen Gedichte häufig von der sprachlichen Norm ab. Durch auffällige Wiederholungen und ungewöhnliche Satzstellungen entstehen zusätzliche Strukturen im Gedicht, die die Bedeutung des Gesagten unterstreichen. Folgende Stilmittel und Klangfiguren werden häufig verwendet:

Name	Beschreibung	Beispiel
Akkumulation	Reihung von Begriffen zu einem genannten oder nicht genannten Oberbegriff	Und es wallet und siedet und brauset und zischt (Schiller, Der Taucher)
Alliteration	Wiederholung gleicher Anfangslaute oder -buchstaben bei aufeinanderfolgenden Wörtern	Stock und Stein Kind und Kegel
Anapher	Wiederholung eines oder mehrerer Wörter am Anfang aufeinanderfolgender Sätze oder Satzglieder (im Gegensatz zur Epipher)	Das Wasser rauscht', das Wasser schwoll (Goethe, Der Fischer)
Antithese	Kombination von Begriffen oder Gedanken, die in direktem Gegensatz stehen	Himmel und Hölle Gut und Böse
Apostrophe	Anruf, feierliche oder betonte Anrede an das Publikum, an Abwesende oder Dinge	Wo ehedem ein Gras war, Da sitzest jetzt Du, Öltank! (Bertolt Brecht)
Assonanz (Halbreim)	Gleichklang der Vokale ab der letzten betonten Silbe, wobei die Konsonanten unterschiedlich sind	schweifen / leise
Chiasmus	symmetrische Überkreuzstellung von aufeinander bezogenen Redeteilen	Die Kunst ist lang, und kurz ist unser Leben. (Goethe)
Ellipse	unvollständiger Satz, Auslassen von Satzteilen, die leicht zu ergänzen sind	Was nun?
Epanalepse	Wiederholung eines Wortes oder einer Wortgruppe am Anfang eines Satzes	Mein Vater, mein Vater, jetzt fasst er mich an. (Goethe, Erlkönig)
Epipher	Wiederholung eines oder mehrerer Wörter am Ende aufeinanderfolgender Sätze oder Satzglieder (im Gegensatz zur Anapher)	Er will alles, kann alles, tut alles
Euphemismus	beschönigende oder verharmlosende Umschreibung	entschlafen
Figura etymologica	Verbindung von einem Verb und einem Substantiv aus demselben Wortstamm	einen seltsamen Traum träumen
Hendiadyoin	Verbindung von zwei Substantiven gleicher Bedeutung	Hab und Gut
Homöoteleuton	Gleichklang der Endungen aufeinanderfolgender Wörter oder Wortgruppen	wie gewonnen, so zerronnen

Name	Beschreibung	Beispiel
Hyperbel	Starke Übertreibung in vergrößerndem oder verkleinerndem Sinn	riesengroß Schneckentempo
Inversion	Umkehrung der geläufigen Wortstellung im Satz	deines Wipfelmeers gewaltig Rauschen (Conrad Ferdinand Meyer, Jetzt rede du!)
Katachrese	Bildbruch; Verbindung sprachlicher Bilder, die nicht zueinanderpassen	Der Zahn der Zeit wird Gras darüber wachsen lassen
Klimax	sich steigernde Reihung von Wörtern oder Satzteilen (im Gegensatz zur Antiklimax)	Heute back' ich, morgen brau' ich, übermorgen hol' ich der Königin ihr Kind (Brüder Grimm, Rumpelstilzchen)
Litotes	Hervorhebung eines Begriffs durch Verneinung des Gegenteils	nicht unbekannt
Onomatopöie (Lautmalerei)	Nachahmung natürlicher Geräusche und Laute	kuckuck, summen
Oxymoron	Verbindung zweier sich dem Wortsinn nach widersprechender Begriffe	bittersüß kalte Glut
Paradoxon	scheinbarer Widerspruch, der auf eine höhere Wahrheit hinweist	Das Leben ist der Tod, der Tod ist das Leben
Parallelismus	Wiederholung derselben Wortreihenfolge oder Satzkonstruktion	Als ich noch ein Kind war, redete ich wie ein Kind, dachte ich wie ein Kind, urteilte ich wie ein Kind (1. Korintherbrief, 13,11)
Pars pro Toto	bildhafter Ausdruck, bei dem ein Teil einer Sache das Ganze bezeichnet	„unter einem Dach" für „in einem Haus"
Periphrase	Umschreibung durch kennzeichnende Tätigkeiten, Eigenschaften oder Wirkungen	„der Allmächtige" für Gott
Pleonasmus	(überflüssige) Wiederholung eines charakteristischen Merkmals eines Bezugswortes	weißer Schimmel
Polysyndeton	Verknüpfung von Wörtern, Wortgruppen oder Sätzen durch dieselbe Konjunktion	Und es wallet und siedet und brauset und zischt (Schiller, Der Taucher)
Prolepse	Unterbrechung des Satzes	Und die Wellen, sie zerschellen. (Heinrich Heine, Childe Harold)
Tautologie	Wiedergabe eines Begriffs durch zwei oder mehr Wörter gleicher oder ähnlicher Bedeutung	angst und bange

Auch die **Häufung von Vokalen** kann den Klangcharakter von Versen bestimmen. Dunkle Vokale (a, o, ö, u, au) wirken schwer und bedrückend, helle Vokale (e, i, ü) dagegen leicht und heiter.

Wichtig ist bei den stilistischen Figuren und Klangelementen, dass sie bei der Analyse in **Bezug zum Inhalt** gesetzt werden. Untersuchen Sie daher immer, wie die stilistischen Mittel wichtige Wörter oder Gedanken hervorheben, den Eindruck von Harmonie, Einheitlichkeit, Ordnung oder von Spannung und Widersprüchen schaffen oder den Text und den Inhalt strukturieren.

2.5
Thema und Gedankengang

Gedichte können sehr unterschiedliche Themen behandeln: Liebe, Natur, Religion, Tod, Politik, Gesellschaft, poetologische Aspekte usw. Die Inhalte können auf zwei Arten dargestellt werden:

In der **bildhaften Lyrik** werden die Inhalte anschaulich und gegenständlich gestaltet. Meist geht es um Erlebnisse und Empfindungen, die in Verbindung mit der Schilderung von Gefühlen vorgetragen werden (Naturlyrik, Liebeslyrik, Alltagslyrik).

In der **gedanklichen Lyrik** werden geistige und theoretische Fragen behandelt. Die Themen reichen von religiösen und weltanschaulichen Problemen (Gedankenlyrik) bis zur gereimten Belehrung im Lehrgedicht. Hierzu zählen auch viele politische Gedichte.

Die gedankliche Struktur

Aus der Abfolge der Gedanken, Empfindungen und Wahrnehmungen des Sprechers ergibt sich die innere Gliederung des Gedichts. Drei Aufbauprinzipien sind in Gedichten häufig:

- **linearer Aufbau:** Die Teile sind aneinandergereiht, z. B. in chronologischer Folge.
- **antithetischer Aufbau:** Die Teile stehen sich als Gegensätze gegenüber, z. B. Äußeres – Inneres, These – Antithese, einst – jetzt.
- **argumentativer Aufbau:** Die Teile laufen auf eine Forderung, ein Urteil oder Fazit hinaus.

Der Titel

Im Titel wird oft auf wichtige Elemente des Inhalts wie Hauptpersonen („Der Bauer"), Ort („Heidelberg") oder Zeit („Herbst") hingewiesen. Häufig werden auch das Thema oder der Anlass („Zum neuen Jahr") angegeben. Mitunter können Titel aber auch ironisch und irreführend sein. Daher sollte man immer prüfen, in welchem Verhältnis Titel und Text zueinander stehen. Auf diese Weise kann der Titel ein Schlüssel zum Verständnis des Gedichts sein.

Tipp **Analyse des Themas und des Gedankengangs**

1. Welches Thema wird gestaltet?
2. Ist es ein gedankliches oder bildhaftes Gedicht?
3. Wie ist der gedankliche Aufbau?
4. In welchem Verhältnis stehen Titel und Text, äußere und innere Form?

2.6 Motive in Gedichten

Die Grundelemente der Literatur, die in verschiedenen Werken in immer wieder neuen Variationen und Kombinationen auftauchen, nennt man Motive. Bei der Analyse eines Gedichts muss man erfassen, welches das zentrale Motiv ist und mit welchen anderen Motiven (Nebenmotiven) es verknüpft ist.

- Welche **Situationen** und **Vorgänge** werden geschildert? Einige **Situationsmotive** werden besonders oft verarbeitet: Tod, Einsamkeit, Schifffahrt, Spaziergang / Wanderung, Abschied, Ankunft, Liebesleid, Liebeserfüllung, Regen und Sonne, Träume.
- Wird in dem Gedicht von **Personen** oder **Personengruppen** gesprochen? Handelt es sich um anonyme Menschentypen („Das Wandern ist des Müllers Lust …"), spricht man von einem **Typenmotiv.** Häufige Typenmotive sind die Geliebte, der Sohn, der Einzelgänger, der Dichter usw.

Basiswissen **Motiv und Stoff**

Handelt es sich um anonyme, typenhafte Figuren, spricht man von **Motiv.** Handelt es sich dagegen um bekannte Personen aus Mythologie, Geschichte, Religion oder Literatur (Prometheus, Barbarossa, Hiob, Robinson), die namentlich genannt werden und mit denen meist auch ein Handlungskern, ein Konflikt oder ein feststehendes Ereignis verknüpft ist, spricht man von **Stoff.**

- Gibt es einen **Ort,** von dem gesprochen wird bzw. an dem sich der Sprecher gerade aufhält? Es gibt eine Reihe von **Raummotiven,** die in der Lyrik eine lange Tradition haben: Wald, Meer, Garten, Friedhof, (Groß-)Stadt.
- Kann man den **Zeitpunkt,** auf den sich das Gedicht bezieht, festlegen? Hier kommt ein geschichtlicher Zeitpunkt, eine Tages- oder Jahreszeit oder der Lebensabschnitt, in dem sich der Sprecher oder Adressat befindet, infrage (erste Liebe, Alter). **Zeitmotive** sind Dämmerung, Frühlingsanfang, Abend, Nacht, Herbst, Weihnachten, Geburtstag usw.

Tipp **Analyse der Motive**

1. Welche Motive werden verwendet?
2. Wie sind die Motive miteinander verknüpft?
3. Wie sind die Motive konkret gestaltet?

2.7 Sprachliche Bilder

Neben Schriftbild, Satzbau, Rhythmus und Klang führt vor allem der Bilderreichtum dazu, dass in Gedichten in wenigen Zeilen ein Höchstmaß an Bedeutung konzentriert werden kann. Man spricht auch von „sprachlicher Verdichtung".

2.7.1 Konnotationen

Viele Wörter haben nicht nur einen klar definierten begrifflichen Inhalt (das Denotat), sondern sind zusätzlich mit einem darüber hinausgehenden Vorstellungsgehalt verbunden (dem Konnotat). So steht bei dem Wort „Rose" das Denotat für eine bestimmte Pflanzengattung mit gefiederten Blättern, fünfteiligen Blüten usw. Doch wer dieses Wort hört, assoziiert zusätzliche Wortbedeutungen wie z. B. Schönheit und Liebe. Diese assoziative Verknüpfung sinntragender Wörter mit weiteren, oft emotionalen Vorstellungen wird als Konnotation bezeichnet und ist ein wesentliches Element der Lyrik.

Bei Farben spielen Konnotationen eine besonders große Rolle und dabei können oft sehr unterschiedliche Vorstellungen assoziiert werden. Welche von mehreren möglichen Vorstellungen aktiviert wird, hängt vom Textzusammenhang ab. Die Farbe Rot ist in einem Liebesgedicht (Leidenschaft, Liebe) anders konnotiert als in einem politischen Gedicht (Gewalt, Kommunismus). Die assoziierten Vorstellungen müssen sich immer in den Kontext einfügen. So sind Spekulationen ausgeschlossen.

2.7.2 Bildhafter Sprachgebrauch

In Gedichten werden häufig verschiedene Vorstellungen und Begriffe zueinander in Beziehung gesetzt und so mit einem bildlichen Ausdruck Vorstellungen hervorgerufen (evoziert), die über die eigentliche Bedeutung des Gesagten hinausgehen.

Tipp **Untersuchung eines bildlichen Ausdrucks**

1. Welche Form des sprachlichen Bildes liegt vor (Bildform)?
2. Welche Vorgänge, Dinge oder Wesen sollen durch den bildlichen Ausdruck verdeutlicht werden (Bildempfänger)?
3. Aus welchem Sinnbezirk stammt der bildliche Ausdruck und welches sind die gemeinsamen Merkmale (Bildspender)?
4. Welche neue Vorstellung wird beim Leser durch den bildlichen Ausdruck hervorgerufen (Funktion)?

Mithilfe dieser vier Fragen kann man einen bildlichen Ausdruck systematisch untersuchen.

Dies Leben kommt mir vor als eine Rennebahn.
(Andreas Gryphius, Abend, V. 8)

Aspekte der Interpretation

Andreas Gryphius verwendet in diesem Vers einen Vergleich, erkennbar an dem Vergleichspartikel „als“ (Bildform). Es geht um das menschliche Leben in seinem ganzen Umfang von der Geburt bis zum Tod (Bildempfänger). Das Wort stammt aus dem Sinnbezirk Sport (Bildempfänger). Eine Rennbahn ist dazu angelegt, schnell vom Start ans Ziel zu gelangen, es herrschen Wettkampfbedingungen, d. h., es gelten feste Regeln und am Ende gibt es Gewinner und Verlierer. Das Leben erscheint in diesem Vergleich als eine Veranstaltung, bei der sich der Mensch in möglichst hohem Tempo auf sein Ziel, den Tod, hinbewegt. Erst nachdem er das Ziel erreicht hat, erhält er die Belohnung (oder Strafe) für seine Leistung. Hieraus ergeben sich grundsätzliche Aussagen über den Sinn des Lebens und die Funktion des Todes.

Formen des sprachlichen Bildes

Uneigentliche, bildliche Ausdrücke dienen in Texten aller Art dazu, die Aussagen zu veranschaulichen oder zu beurteilen. Einige dieser Stilmittel spielen in Gedichten eine große Rolle.

Name	Beschreibung	Beispiel
Allegorie	ein bildlicher Ausdruck, der eine Idee oder einen Begriff durch ein verstandesmäßig fassbares Bild veranschaulicht	das Leben als Schifffahrt Gerechtigkeit durch eine blinde Frau
Chiffre	sprachliche Bilder, die keinen erkennbaren Bezug zur Wirklichkeit haben; sie können nur aus dem Textzusammenhang entschlüsselt werden (= absolute Metapher)	Schwarze Milch der Frühe (Paul Celan, Todesfuge)
Metapher	bildlicher Ausdruck, bei dem das Wort nicht in seiner eigentlichen, sondern in übertragener Bedeutung verwendet wird	Achill war ein Löwe in der Schlacht
Metonymie	Ersetzung eines Begriffes durch einen anderen, der unmittelbar in Beziehung zu diesem steht	„das Weiße Haus“ für den Amtssitz des US-Präsidenten
Personifikation	Vermenschlichung von Gegenständen, Naturerscheinungen oder Begriffen	Veilchen träumen schon (Eduard Mörike, Er ists)
Symbol	bildkräftiges Zeichen, das über sich selbst hinaus auf einen höheren, allgemeineren Bereich verweist	Rose als Symbol für Schönheit, Kreuz als Symbol für das Christentum
Synästhesie	Sonderform der Metapher, bei der Eigenschaftsbezeichnungen aus einem Bereich der sinnlichen Wahrnehmung (hören, sehen, schmecken) in einen anderen übertragen werden	*Süße,* wohlbekannte *Düfte Streifen* ahnungsvoll das Land. (Eduard Mörike, Er ists)
Synekdoche	Ersetzen eines Begriffs durch einen anderen mit engerer oder weiterer Bedeutung	Sie leben alle unter einem Dach.
Vergleich	Verknüpfung zweier Wirklichkeitsbereiche durch Hervorhebung des Gemeinsamen („wie“)	blaue Astern erscheinen „wie blasser Kinder Todesreigen“ (Georg Trakl, Verfall)

2.7.3 Das zentrale Bild

In vielen Gedichten stehen Situationen im Mittelpunkt, die dem Leser in bildhafter Ausschmückung vor Augen gestellt werden. Diese sinnbildlich dargestellten Situationen meinen mehr und anderes, als sie auf den ersten Blick zu sagen scheinen. Die Erscheinungen der Wirklichkeit werden so dargestellt, dass hinter der wörtlichen Bedeutung (**Bildebene,** z. B. blühende Rose) noch eine weitere Aussage (**Bedeutungsebene,** z. B. die Jugend) erkennbar ist. Der Leser muss den Text also auf zwei Ebenen, der Bild- und der Bedeutungsebene, erschließen.

Tipp **Erschließen von Bild- und Bedeutungsebene**

1. Achten Sie auf explizite Hinweise: Oft wird das Gemeinte im Titel genannt, manchmal auch am Anfang oder am Ende erläutert.
2. Achten Sie auf implizite Hinweise: Auffällige Textelemente signalisieren, dass es eine zweite Bedeutungsebene gibt. Solche Signale sind meist Ausdrücke, die auf der wörtlichen Ebene keinen (ausreichenden) Sinn ergeben.

Ein Gedicht darf man nur dann sinnbildlich deuten, wenn es Hinweise auf eine zweite Bedeutungsebene enthält. Conrad Ferdinand Meyer verwendet in dem Gedicht „Zwei Segel“ das Symbol der Segel, um eine gute Partnerschaft darzustellen.

Conrad Ferdinand Meyer: Zwei Segel

Zwei Segel erhellend
Die tiefblaue Bucht!
Zwei Segel sich schwellend
Zu ruhiger Flucht!

Wie eins in den Winden
Sich wölbt und bewegt,
Wird auch das Empfinden
Des andern erregt.

Begehrt eins zu hasten,
Das andre geht schnell,
Verlangt eins zu rasten,
Ruht auch sein Gesell.

Aspekte der Interpretation

Die schlichte Szene enthält zunächst keine expliziten Hinweise (z. B. im Titel) auf eine zweite Bedeutungsebene. Der Sprecher beschreibt eine kleine Szene von zwei Segeln, die sich in einer Bucht im Wind bewegen. Ab Vers 6 gibt es jedoch implizite Hinweise auf eine übertragene Bedeutung: Durch die Personifikation der Segel („Empfinden“, „begehrt“, „Gesell“) wird signalisiert, dass die Segel als ein menschliches Paar zu verstehen sind und der dargestellte Vorgang eine optimale Partnerschaft symbolisiert.

2.8
Sprecher und Adressat

In jedem Gedicht gibt es einen Sprecher. Je nachdem, wie er sich im Gedicht zu erkennen gibt, kann man drei Typen unterscheiden:

Das **lyrische Ich** erscheint in der ersten Person Singular („ich“). Es drückt seine Gedanken und Gefühle aus. Kennzeichen sind Personal- und Possessivpronomen der ersten Person, Ausrufe, Anreden, Wünsche und Fragen. Das lyrische Ich darf nicht mit dem Autor gleichgesetzt werden, es ist eine Erfindung, in die der Autor Gedanken und Empfindungen hineinlegt. Ein lyrisches Ich spricht häufig in Erlebnislyrik.

Wird als Sprecher eine **Figur** eingeführt, spricht man von **Rollengedicht.** Auch die Figur im Rollengedicht spricht in der ersten Person Singular. Vom lyrischen Ich unterscheidet sie sich dadurch, dass sie entweder namentlich genannt wird (häufig im Titel des Gedichts, z. B. Goethes „Prometheus“) oder sie in ihrer Rolle auftritt (etwa als Hirte). Als Sprecher können historische oder mythologische Gestalten oder Vertreter bestimmter sozialer Gruppen (z. B. Heinrich Heine, „Die schlesischen Weber“) auftreten. Sprechen verschiedene Figuren miteinander, spricht man von **Dialoggedicht.**

Der **verdeckte Sprecher** macht keine Aussage über sich selbst, nur über andere Lebewesen, Gegenstände, Sachverhalte und Vorgänge. Es gibt im Text keine Personal- oder Possessivpronomen der ersten Person. In dieser unpersönlichen Sprechweise wirken die Aussagen objektiv. Ein verdeckter Sprecher ist typisch für Dinggedichte, viele Balladen, Gedankenlyrik und konkrete Poesie.

Tipp **Analyse des Sprechers**

1. Um welchen Typ von Sprecher handelt es sich?
2. Hat er Merkmale und Eigenschaften (Geschlecht, Alter, Beziehungen)?
3. Aus welcher räumlichen Perspektive betrachtet er seinen Gegenstand (z. B. von unten nach oben, Blick in die Ferne, von innen nach außen)?
4. Aus welcher zeitlichen Perspektive betrachtet er sein Thema (Beobachtung der Gegenwart, Erinnerung an die Vergangenheit, Erwartungen an die Zukunft)?

Im Rahmen der Gedichtanalyse ist auch die Frage zu klären, wer angesprochen wird. Beim **Adressatenbezug** gibt es mehrere Möglichkeiten:

- Gedichte ohne einen ausdrücklichen Adressaten
- Anrede in der Du-Form (als Aufforderung oder um Distanz zu sich zu gewinnen)
- Anrede an ein unbestimmbares „Du“ oder an ein bestimmtes Wesen (z. B. Gott, einen Menschen, einen personifizierten Gegenstand)
- Anrede an den Leser (oft mit belehrender Absicht)

3
Lyrik nach Epochen

3.1
Barock

3

Der (*auch:* das) Barock (portugiesisch „barocco“ = seltsam geformte, schiefrunde Perle) steht in engem Zusammenhang mit dem prägenden historischen Ereignis im Europa des 17. Jahrhunderts: dem Dreißigjährigen Krieg, dem mehr als ein Drittel der europäischen Bevölkerung zum Opfer fiel. Die Dichtung des Barock (ca. 1600–1720) ist durch starke Gegensätze geprägt: Die höfische Prunksucht kontrastiert mit Elend, Tod und Zerstörung; die Hinwendung zur Religion soll der als widersprüchlich erlebten Welt Sinn und Ordnung geben.

Basiswissen **Lyrik des Barock**

Themen: Die barocke Lyrik entfaltet die Gegensätze Sein – Schein; Diesseits – Jenseits; Lebensgier – Todesbewusstsein; Gesundheit – Krankheit; Erotik – Askese; Blüte – Verfall.
Motive:
- „Carpe diem“ (Nutze den Tag)
- „Memento mori“ (Bedenke den Tod)
- „Vanitas vanitatum et omnia vanitas“ (Alles ist eitel)

Formen: Zu den vorherrschenden Dichtungsformen gehören Sonett und Epigramm, zudem schufen die Barockdichter zahlreiche Bild- und Scherzgedichte.
Hauptvertreter: Andreas Gryphius (1616–1664), Martin Opitz (1597–1639), Paul Fleming (1609–1640), Georg Philipp Harsdörffer (1607–1658)

3.1.1
Die Sonettdichtung

Die barocke Sonettdichtung basiert auf den Regelwerken der antiken Rhetorik und Poetik. Als konkrete Anweisung zum Dichten enthält sie Regeln, die der Dichter berücksichtigen muss. Inhalt, Stil, Reim, Versmaße, Strophenformen und Gedichtgattungen sind streng festgelegt. Nach dem barocken Dichtungsverständnis kommt es nicht auf das individuelle Lebensgefühl, Begabung, Inspiration und originelle Einfälle des Dichters an. Vielmehr galten die Werke desjenigen Dichters als besonders kunstvoll, der eine bereits erprobte Form innerhalb feststehender rhetorischer Vorgaben perfekt ausgestalten konnte. Eine der beliebtesten Gedichtformen des Barock ist das Sonett. Es ist durch einen strengen formalen Aufbau gekennzeichnet, der der geforderten Regelhaftigkeit der Poesie entspricht.

Basiswissen **Sonett**

Ein Sonett besteht aus 14 Versen, die in vier Strophen eingeteilt sind: zwei Quartette (jeweils vier Zeilen) und zwei Terzette (jeweils drei Zeilen). Das Reimschema ist abba / abba / cdc / dcd oder abba / abba / ccd / eed. Das Versmaß ist meist der Alexandriner, ein sechshebiger Jambus mit einer Zäsur in der Mitte der Verszeile.

Das Thema in barocken Sonetten ist häufig die Vergänglichkeit alles Irdischen und die Hinfälligkeit des menschlichen Lebens.

Andreas Gryphius: Thränen in schwerer Kranckheit (1640)

Mir ist ich weis nicht wie / ich seuffze für und für.
Ich weyne Tag und Nacht / ich sitz in tausend Schmertzen;
Und tausend fürcht ich noch / die Krafft in meinem Hertzen
Verschwindt / der Geist verschmacht / die Hände sincken mir.

Die Wangen werden bleich / der schönen Augen Zier
Vergeht / gleich als der Schnee der schon verbrannten Kertzen.
Die Seele wird bestürmt gleich wie die See im Mertzen.
Was ist dis Leben doch! was sind wir / ich und ihr?

Was bilden wir uns ein! was wündschen wir zu haben?
Itzt sind wir hoch und groß / und morgen schon vergraben:
Itz Blumen / morgen Kot / wir sind ein Wind ein Schaum.

Ein Nebel / eine Bach / ein Reiff / ein Tau' ein Schatten.
Itz was und morgen nichts / und was sind unser Thaten?
Ein mit herber Angst durchaus vermischter Traum.

Aspekte der Interpretation

Gryphius stellt in dem Sonett „Thränen in schwerer Kranckheit" die Frage nach dem Sinn der menschlichen Existenz („Was ist diß Leben doch ...", V. 8) angesichts einer dreifachen Krankheitserfahrung: Angesprochen wird der körperliche („die Hände sincken mir ...", V. 4–6), der seelische („die Krafft in meinem Hertzen / Verschwindt"; V. 3–4) und der geistige Verfall („der Geist verschmacht"; V. 4) des Menschen. Eingedenk des jederzeit möglichen Endes des Lebens (Memento-mori-Motiv) gemahnt Gryphius in antithetischer Form an die Scheinhaftigkeit des menschlichen Sinns und die Vergänglichkeit alles Diesseitigen („Itzt sind wir hoch und groß / und morgen schon vergraben", V. 10). Die beiden Schlussverse – eingeleitet durch eine rhetorische Frage – erinnern den Menschen an die Hinfälligkeit seiner Existenz.

Biografie **Andreas Gryphius**

Der bekannteste Barockdichter ist der aus Schlesien stammende Andreas Gryphius. Seine Themen sind die Vergänglichkeit allen Seins, die Allgegenwärtigkeit des Todes und insbesondere auch die Schrecken des Dreißigjährigen Krieges.

Martin Opitz: Sonnet (Auß dem Italienischen Petrarchae, 1624)

Ist Liebe lauter nichts / wie daß sie mich entzuendet?
Ist sie dann gleichwol was / wem ist jhr thun bewust?
Ist sie auch recht und gut / wie bringt sie boese Lust?
Ist sie nicht gut / wie daß man Freudt auß jhr empfindet?

Lieb ich gar williglich / wie daß ich Schmertzen trage?
Muß ich es Thun / was hilffts / daß ich solch trawren fuehr?
Thue ich nichts gern / wer ists / der es befihlet mir?
Thue ich es gern / warumb / daß ich mich dann beklage?

Ich wancke / wie das Gras / so von den kühlen Winden
Vmb Versperzeit bald hin geneiget wirdt / bald her.
Ich walle wie ein Schiff / daß in dem wilden Meer

Von Wellen vmbgejagt nicht kann zu rande finden.
Ich weiß nicht was ich will / ich will nicht was ich weiß /
Im Sommer ist mir kalt / im Winter ist mir heiß.

3

Tipp **Analyse barocker Sonette**

1. Achten Sie bei der Analyse barocker Sonette immer auf die das Gedicht prägenden begrifflichen Gegensätze sowie darauf, mit welchen sprachlichen Bildern das Grundthema des Gedichtes entfaltet wird.
2. Richten Sie Ihre Aufmerksamkeit darauf, auf welche Weise durch die Form des Sonetts die inhaltlichen Aussagen des Gedichtes unterstützt werden.

Aspekte der Interpretation

Martin Opitz benennt bereits in der ersten Verszeile das Thema seines Sonetts: die Liebe. Sie wird einerseits als „boese Lust" (V. 3), andererseits aber als „Freudt" (V. 4) charakterisiert. In weiteren antithetischen Fügungen (unterstützt durch den Alexandriner mit Zäsur in der Mitte der Zeile) wird diese Paradoxie weiter zugespitzt: Die Liebe erscheint dem lyrischen Ich zugleich als „recht und gut" (V. 3) und als „nicht gut" (V. 4).

Das Wanken zwischen diesen beiden Extremen wird in der dritten Strophe durch Vergleiche und Metaphern versinnbildlicht, die gleichzeitig auch das Unbeständige, Haltlose und Unsichere der Liebe ins Bild bringen: Das lyrische Ich wankt „wie das Gras", das von „kühlen Winden" (V. 9) in Bewegung gehalten („geneiget"; V. 10) wird, bzw. „wie ein Schiff", das im „wilden Meer" (V. 11) ein Spielball der Wellen (V. 12) ist. Das Gedicht gipfelt schließlich in einer epigrammartigen Formulierung, die die Grundspannung nicht aufzulösen vermag (V. 13–14).

Das Gedicht weist die klassische Form des Sonetts auf. Die Quartette sind inhaltlich von den Terzetten abgehoben: Die Quartette exponieren in Form rhetorischer Fragen die Grundspannung des Gedichts: Ist die Liebe gut oder schlecht? Die Terzette bringen eine Art Schlussfolgerung. Jedoch lösen sie die Spannung nicht auf, sondern bringen die Unentschiedenheit und die Gefühlsschwankungen des lyrischen Ichs zum Ausdruck, die durch die Enjambements zwischen den Versen 9 und 10, 11 und 12 sowie 13 und 14 verdeutlicht werden.

Biografie **Martin Opitz**

Martin Opitz legte in seinem „Buch von der deutschen Poeterey“ (1624) die Gattungen, Formen und Inhalte der Dichtung normativ fest und schuf so die Grundlagen der deutschen Literaturproduktion des 17. Jahrhunderts. Er forderte für die Dichtung den Einklang von Wort und Versakzent sowie die Einführung einer regelmäßigen Abfolge von betonten und unbetonten Silben – entsprechend den antiken Versmaßen. Viele seiner Werke sind Übersetzungen von Werken der europäischen Literatur, deren Formen und Inhalte die deutsche Dichtung erneuern und beleben sollten. Schon zu seiner Zeit galt Opitz als der „Vater der deutschen Poesie“.

3.1.2 Epigramme

Neben der Sonett- spielt vor allem die Epigrammdichtung im Barock eine herausragende Rolle. Die barocken Epigramme haben häufig weltliche Sitten- und Verhaltenslehren zum Inhalt, aber auch satirische Themen werden etwa in Form fingierter Grabschriften behandelt.

Basiswissen **Epigramm**

Epigramme (altgriech. *epigramma* „Aufschrift“) beruhen auf einem geistreichen Einfall, der im Unterschied zum Aphorismus („geflügeltes Wort“) in Versen gedichtet ist. Oft enthalten Epigramme eine überraschende Schlusspointe. Die häufigste Strophenform ist das Distichon (vgl. S. 20).

Friedrich von Logau gilt als der bedeutendste Epigrammdichter des Barock. Sein Hauptwerk, eine Sammlung von 3560 Epigrammen, erschien unter einem Pseudonym und trägt den Titel „Salomons von Golaw Deutscher Sinn-Getichte Drey Tausend“. In seinen satirischen Epigrammen übt er scharfe Kritik am Verfall von Moral, Tugend und Religion sowie an sozialer Ungerechtigkeit.

Friedrich von Logau: Grabschrift eines Speise- oder Kuchelmeisters (1638)

Der hier begraben liegt, der hielt sehr viel vom Essen
Und kann im Grabe noch des Essens nicht vergessen;
Denn weil er selbst nicht mehr die Essens-Lust kann büssen,
Gibt er sein eigen Fleisch den Würmern zu geniessen.

Aspekte der Interpretation

Logau macht sich in dieser fingierten Grabschrift die Kürze *(brevitas)* des Epigramms zunutze, um auf satirisch-ironische Art und Weise auf den Gegensatz zwischen der Lebenslust (Essen, „Essens-Lust“) und der Vergänglichkeit des Menschen („Grab“, „Würmern“) hinzuweisen. Die Pointe erreicht Logau, indem er das aktive Essen im letzten Vers in ein passivisches Gegessenwerden umwandelt.

3.1.3
Emblematik und Figurengedichte

Die Emblematik ist eine in der Barockzeit sehr beliebte Kunstform, bei der sich Bilder und Texte auf sinnfällige Art und Weise verbinden. Emblematische Werke werden daher oft auch als „Gemäldepoesie" beziehungsweise „Denkbilder" bezeichnet.

Basiswissen **Emblem**

Ein Emblem ist eine bildliche Darstellung, die auf einen tieferen Sinn verweist. Es besteht aus einem Bild *(pictura)*, einer Bildüberschrift *(inscriptio)*, die oftmals in das Bild selbst eingearbeitet ist, und einer Erläuterung *(subscriptio)*, häufig in der Form eines Epigramms, die die Bedeutung des Bildes explizit zum Ausdruck bringt.

Johann Vogel: Was du nit glaubtest / das geschiht

▶ *Die subscriptio lautet: Wie? sol nicht ein Camel durch eine Nadel gehn? Wann du den Teutschen Frieden jetzt wider sihst entstehn.*

Aspekte der Interpretation

Das Emblem spielt auf satirische Art und Weise auf das biblische Gleichnis vom Nadelöhr an: „Denn es ist leichter, dass ein Kamel durch ein Nadelöhr gehe, als dass ein Reicher in das Reich Gottes komme" (Lukas 18,25). Die *subscriptio* bezieht sich jedoch auf den „Teutschen Frieden", also den möglichen Ausgang des Dreißigjährigen Krieges: Der biblische Spruch wird dazu benutzt, um zu verdeutlichen, dass mit einem baldigen Friedensschluss, also der Beendigung des Dreißigjährigen Krieges, nicht zu rechnen sei.

Neben der Emblematik spielten im Barock auch sogenannte **Figurengedichte (Kalligramme)** eine wichtige Rolle. Figurengedichte unterstreichen durch eine sinnfällige Formung des Textkörpers den Sinn des Textes.

Nikolaus von Bostel: Abschied an eine Geliebte

Abschied an eine Geliebte.

Bilder-Reim.

Kan Man
Auch woll auff der Erden
Schmertzlicher betrübet werden /
Als wenn des Glückes Spiel
Zwey Verliebte trennen will?
Nun ich weiß auch was es ist /
Weñ man schöne Lippen küst /
Und die Lust verlassen soll /
Drum mein Engel lebe woll.
Such die Freude
Nicht im Leide /
Liebe mich /
wie ich
dich.

Aspekte der Interpretation

Nikolaus von Bostel gibt in diesem Figurengedicht die Abschiedsrede eines Liebenden an seine Geliebte. Einleitend exponiert das lyrische Ich in Form einer als Gedankenspiel angelegten rhetorischen Frage (V. 1–5) die schmerzlichen Folgen der Trennung von der Geliebten. Die sich daran anschließende Darstellung des Liebesglücks (V. 6–8) führt dazu, dass „Liebe“ und „Leid“ (V. 9–10) als eng beieinanderliegende Emotionen aufzufassen sind. Die äußere Gestaltung des Gedichtes als Herzform verdeutlicht, dass Liebe und Leid untrennbar miteinander verbunden sind.

3.1.4 Laut- und Scherzgedichte

Viele Barockdichter waren der Auffassung, dass sich im Klang der Sprache das Wesen der Dinge offenbare. Aus diesem Grund schufen sie Lautgedichte, die als allegorische Umschreibungen der göttlichen Schöpfung begriffen wurden, andererseits aber vielfach auch reinen Unterhaltungszwecken dienten.

Johahannes Klaj: Der kekke Lachengeck (1644)

Der kekke Lachengekk koaxet / krekkt / und quakkt /
Des Krippels Krückenstockk krokkt / grakkelt / humpt und zakkt /
Des Gukkuks Gukken trotzt dem Frosch und auch die Krükke.
Was knikkt und knakkt noch mehr? kurtz hier mein Reimgeflikke.

Aspekte der Interpretation

Das Scherzgedicht „Der kekke Lachengeck“ beruht auf onomatopoetischen Klangtechniken, also der Verwendung von Wörtern, die Naturlaute sprachlich nachbilden. Klaj ahmt die Verhaltensweisen von Tieren („Gukkuk“) und Menschen („Lachengekk“, „Krippel“) mithilfe lautmalerischer Verben nach („koaxt“, „krekkt“, „humpt“). Die Häufung des Konsonanten K erweckt beim Hörer den Eindruck, dass es sich bei dem Gedicht ganz und gar nicht um ernsthafte Poesie handelt, sondern tatsächlich um „Reimgeflikke“.

3.2 Aufklärung und Empfindsamkeit

Die Autoren der Aufklärung (ca. 1720–1800) orientierten sich am Ideal der Humanität und der Toleranz sowie der Idee der Vernunftreligion. Sie forderten von ihrem Publikum, selbstständig zu denken und nach Welt- und Selbsterkenntnis zu streben. Den einseitigen Rationalismus der Frühaufklärung mit seiner Unterdrückung des Gefühls versuchte die Empfindsamkeit zu begegnen. Diese Strömung innerhalb der Aufklärung sah die Ganzheit des Menschen nur durch die Versöhnung von Verstand und Gefühl verwirklicht.

Basiswissen **Lyrik der Aufklärung**

Themen und Formen:

- Die Lyrik der Aufklärung weist thematisch und formal ein großes Spektrum auf.
- Die Gedankenlyrik entfaltet philosophische Anschauungen im Rahmen allgemeiner Naturbetrachtungen.
- Lehrgedichte unterrichten den Leser über Natur, Geschichte und Mythologie oder vermitteln aufklärerisches Gedankengut.
- Oden und Hymnen preisen in feierlicher Sprache das religiöse Erleben im Sinne der Aufklärung.
- Kleine lyrische Formen besingen in einfacher Sprache die Liebe, Geselligkeit und Lebensfreude (empfindsame Lyrik).

Hauptvertreter: Barthold Heinrich Brockes (1680–1747), Johann Christoph Gottsched (1700–1766), Gotthold Ephraim Lessing (1729–1781), Christian Fürchtegott Gellert (1715–1769), Friedrich Gottlieb Klopstock (1724–1803)

3.2.1 Lehrdichtung

Die Autoren der Aufklärung erhoben den Anspruch, den Menschen aufzuklären und den Verstand zu bilden. Lehrgedichte hatten die Aufgabe, das Publikum auf unterhaltsame Weise zu belehren oder auch konkrete Anweisungen für moralisch richtiges Handeln zu geben. Eine bevorzugte Form der aufklärerischen Lehrdichtung war die **Fabel.** In ihrer klassischen Form besteht sie aus zwei Teilen: einer kleinen Erzählung, in der meist Tiere handeln und mit menschlichen Eigenschaften versehen sind, und einem daran anschließenden Kommentar, der die Moral der Geschichte zum Ausdruck bringt. Christian Fürchtegott Gellerts Fabeln (z. B. „Das Pferd und die Bremse“, 1742) thematisieren häufig moralische Fehler und die Überheblichkeit und Anmaßung der höheren Stände und setzen der Kritik positive moralische Werte wie Geduld und Toleranz sowie die Achtung der unteren Stände entgegen:

1 Auf sich den Hass der Niedern laden,
Dies stürzet oft den größten Mann.
Wer dir, als Freund, nicht nützen kann,
Kann allemal, als Feind, dir schaden.
5 (Gellert, Das Pferd und die Bremse)

3.2.2 Naturlyrik

In der Naturlyrik der Aufklärung steht nicht das unmittelbare Erleben im Vordergrund, sondern Reflexionen über weltanschauliche Fragen. Die Natur wird nicht als individueller Erlebnisraum wahrgenommen, sondern die Dichter lesen auf der Grundlage naturwissenschaftlicher Verfahrensweisen wie der exakten Beobachtung oder dem Experiment im „Buch der Natur", um darin philosophische oder religiöse Gesetzmäßigkeiten zu erkennen. Die Naturlyrik wird so häufig zur Gedankenlyrik.

Basiswissen **Gedankenlyrik**

Gedankenlyrik (Ideenlyrik, philosophische Lyrik) ist eine Form der lyrischen Dichtung, die im Unterschied zur Erlebnisdichtung nicht das unmittelbar Erlebte in den Vordergrund rückt, sondern allgemeine Gedanken des Autors zu weltanschaulichen oder philosophischen Themen.

Im Gegensatz zu der vorwiegend geistigen Lehrdichtung wird in der Gedankenlyrik häufig auch die Betroffenheit durch die Inhalte sprachlich gestaltet.

Eines der Hauptwerke der aufklärerischen Naturlyrik ist Barthold Heinrich Brockes' Gedichtsammlung „Irdisches Vergnügen in Gott", in der die Natur in ihrer Schönheit und Nützlichkeit als Mittler zwischen Mensch und Gott reflektiert wird.

Barthold Heinrich Brockes: Die Heide (1739)

Es zeigt so gar die dürre Heide,
Zu unsrer nicht geringen Freude,
Wenn man sie recht genau betracht,
Des großen Schöpfers Wunder-Macht.

Wenn wir sie obenhin besehn,
So scheint sie traurig, schwarz, verdorrt und schlecht:
Allein betrachtet man sie recht;
So ist auch sie nicht minder schön,
Und sieht man wunderbar in ihr
Der Farben Pracht, der Bildung Zier
Fast unverbesserlich verbunden.

Ich habe dieses wahr befunden.
Denn als ich jüngst, mich etwas zu vertreten,
Mich auf das Feld begab; befand ich alsobald,
Daß in des Heide-Krauts so zierlicher Gestalt,
Nicht weniger als sonst, der Schöpfer anzubeten.

Ich setzte mich, und rupfte manchen Strauß,
Sie besser zu besehen, aus.
Mein Gott! wie viel, wie mancherley
Verändrung, Schmuck und Zierlichkeiten
Fand ich in diesem Kraut, das doch von weiten
Nicht anders lässt, als obs nur braun gefärbet sey.
Ich ward zugleich, wie schön, wie wunderbar,
Wie mannigfalt die Bildung sey, gewahr.

Die größten Bäume trifft man hier
In solcher Schön- und netten Kleinheit an,
Daß man der Stämme Zweig' und Blätter holde Zier
Nicht gnug besehn, nicht gnug bewundern kann.
Ich fand, daß, ob sie gleich sehr klein,
Die Stämme wahres Holz, wie große Stämme, seyn.
Es hat die Festigkeit, es brennet, eine Rinde
Umgiebt sie, ja ich finde
Dieselbe recht mit Moß, gleich den bejahrten Eichen,
Umgeben und geziert. Die Blümchen, die so schön
Auf jedem kleinem Zweig', als Aepfel-Blüthe, stehn,
Sieht man der Bienen Heer die süße Nahrung reichen.

Betrachte denn forthin, geliebter Mensch, die Heide
Nicht sonder Gottes Lob, nicht sonder Freude!

3

Aspekte der Interpretation

Das Gedicht besteht aus 38 Verszeilen unterschiedlicher Länge, die zwar allesamt jambisch sind, aber keine einheitliche Anzahl von Hebungen aufweisen. Es handelt sich hier um den in der Dichtung der Aufklärung weitverbreiteten sogenannten Vers libre, der das lyrische Sprechen der Prosa annähert. Der natürliche Sprachfluss wird darüber hinaus durch den überwiegend hypotaktischen Satzbau, die zahlreichen Parenthesen und Konzessivsätze verstärkt.

Das Gedicht ist in sechs Strophen unterschiedlicher Länge aufgeteilt, die in inhaltlicher Hinsicht die folgenden Argumentationsschritte abbilden: In der ersten Strophe formuliert das lyrische Ich den Lehrsatz, dass die Macht Gottes sich sogar auf der „dürre[n] Heide“ zeige, was in der zweiten Strophe weiterführend verdeutlicht wird. Der fraglos angenommenen Wahrheit dieses Lehrsatzes stimmt das lyrische Ich zu Beginn der dritten Strophe ausdrücklich zu („Ich habe dieses wahr befunden.“, V. 12).

Anschließend beginnt eine Beweisführung („Denn als ich jüngst mich etwas zu vertreten“, V. 13). Das lyrische Ich preist in diesem Zusammenhang in der vierten und fünften Strophe die Schönheit der Heide („Mein Gott! wie viel, wie mancherley / Verändrung, Schmuck und Zierlichkeiten / Fand ich“, V. 14 f.), um die in der zweiten Strophe behauptete Schönheit der Heide („Und sieht man wunderbar in ihr / Der Farben Pracht“, V. 10) zu belegen. Hieraus zieht das lyrische Ich in der abschließenden sechsten Strophe seine Schlussfolgerung in Form einer Handlungsanweisung: „Betrachte denn forthin, geliebter Mensch, die Heide / Nicht sonder Gottes Lob, nicht sonder Freude!“ (V. 37–38)

Typisch für die aufklärerische Naturlyrik ist, dass einerseits die göttliche Bedingtheit der Welt vorausgesetzt ist, diese aber im Stile eines fast schon naturwissenschaftlich anmutenden Experiments („Ich setzte mich, und rupfte manchen Strauß, / Sie besser zu besehen“, V. 17) überprüft wird. Die Natur kommt dabei nicht als Erlebnisraum des lyrischen Ichs zur Sprache, sondern als Gegenstand eines vernünftigen Betrachters, der aus der Beobachtung logische Schlussfolgerungen zieht.

3.2.3 Gedichte über Liebe, Freundschaft und Geselligkeit

Die Liebeslyrik der Aufklärung entfaltet sich in den gewaltigen Hymnen und Oden Friedrich Gottlieb Klopstocks, die in einer feierlichen und expressiven Sprache (häufig reimlos und in freien Rhythmen) erstmals das subjektive Gefühl des Dichters zum Ausdruck brachten. Die Dichter der Aufklärung pflegten aber auch mit Vorliebe kleine lyrische Formen, in denen sie die Liebe, die Freundschaft und die Geselligkeit besangen. Die Liebesgedichte schildern häufig eine Szene in einer idyllischen Natur (Blumen, Bach, Quelle, Laube, Vogelsang, Frühling), abgeschieden von der Gesellschaft, und feiern den unschuldigen und heiteren Genuss der Sinnenfreuden.

Friedrich Gottlieb Klopstock: Das Rosenband (1753)

Im Frühlingsschatten fand ich sie;
Da band ich sie mit Rosenbändern:
Sie fühlt' es nicht, und schlummerte.

Ich sah sie an; mein Leben hing
Mit diesem Blick an ihrem Leben:
Ich fühlt' es wohl und wusst' es nicht.

Doch lispelt' ich ihr sprachlos zu,
Und rauschte mit den Rosenbändern:
Da wachte sie vom Schlummer auf.

Sie sah mich an; ihr Leben hing
Mit diesem Blick an meinem Leben,
Und um uns ward's Elysium.

Aspekte der Interpretation

Das Gedicht weist einen regelmäßigen Aufbau auf: Jede der vier Strophen besteht aus je drei Verszeilen, die durch einen vierhebigen Jambus metrisch gegliedert sind. Mit Ausnahme der Mittelverse, die jeweils aus neun Silben bestehen und mit einer weiblichen Kadenz schließen, bestehen alle übrigen Verszeilen aus acht Silben und schließen mit einer männlichen Kadenz. So entsteht nach jedem zweiten Vers eine Art Zäsur, wodurch der letzte Vers jeder Strophe betont wird. Auffällig ist die Reimstruktur: Nur an zwei Stellen des ansonsten reimlosen Gedichtes finden sich Reime in Form sogenannter „identischer Reime" (V. 2 und 8: „Rosenbändern"; V. 5 und 11: „Leben").

In der ersten Strophe des Gedichts beschreibt das lyrische Ich die Begegnung mit seiner schlafenden Geliebten. Die Beschreibung der Natur (Frühlingsschatten, Rosen) trägt idyllische Züge. In der zweiten Strophe beschreibt das lyrische Ich die Liebe als ein naturhaftes Gefühl (es kommt durch einen Blick und das Binden mit Rosenbändern zustande), für das es keinen passenden sprachlichen Ausdruck finden kann („Ich fühlt' es wohl und wusst' es nicht."). In der dritten Strophe weckt das lyrische Ich die Geliebte aus dem Schlaf durch sprachloses Lispeln und das Rascheln der Rosenbänder – auch hier wieder Ausdruck des Naturhaften, Unsagbaren des Liebesgefühls. In der vierten Strophe wacht die Geliebte auf und liebt das lyrische Ich wieder. Die Liebe wird metaphorisch überhöht, indem das lyrische Ich die sinnliche Erfahrung emphatisch als „elysisch" beschreibt. Der Bezug auf „Elysium" – die sagenumwobene „Insel der Glückseligen", wo die Götter der griechischen Mythologie auserwählten Helden die Unsterblichkeit verliehen – dient dabei einerseits der Verdeutlichung der außerordentlichen Glücksgefühle, andererseits macht die Anspielung auf diesen utopischen Ort deutlich, dass das Glücksempfinden des lyrischen Ichs nur möglich ist an einem Ort, der fern der gesellschaftlichen Wirklichkeit ist.

3.3 Sturm und Drang

Die Epoche des Sturm und Drang (ca. 1767–1785) verdankt ihren Namen dem Titel eines Dramas von Friedrich Maximilian Klinger aus dem Jahr 1776. Die Dichter des Sturm und Drang eint die Grundüberzeugung, dass der Sinn des Lebens in der freien und unverfälschten Entfaltung der Natürlichkeit des Menschen liegt. Die literarische Bewegung wendet sich vor allem gegen die Denk- und Lebensformen des als einseitig empfundenen Rationalismus der Aufklärung, gegen jegliche Formen der Regel- und Normengläubigkeit, aber auch gegen die erstarrten Konventionen der ständischen Gesellschaftsordnung. Die Dichter des Sturm und Drang fordern im Gegensatz dazu die Versöhnung von Verstand und Gefühl, Ratio und Natur und darüber hinaus Spontaneität, Selbsterfahrung und die Selbstverwirklichung des Individuums. Der als „lebensfeindlich" angesehenen Moral der Aufklärung setzten sie Leidenschaft und Sinnlichkeit entgegen.

Basiswissen **Lyrik des Sturm und Drang**

Themen der Lyrik:
- Die Autoren betonen die Subjektivität, Spontaneität und Originalität des Dichters und der Dichtung (Geniekult).
- Die Gedichte kreisen um Begriffe wie Herz, Genie, Empfindung und Natur.
- Die Stürmer und Dränger verurteilen nicht nur den Absolutismus, sondern lehnen sich auch gegen die Enge des bürgerlichen Lebens auf.

Aufgaben der Lyrik: Die lyrische Sprache dient vor allem dem Ausdruck des fühlenden Ichs.

Formen der Lyrik:
- Die Dichter fühlen sich nicht mehr bedingungslos an die traditionellen Regeln der Dichtkunst (Regelpoetik) gebunden.
- Sie bedienen sich individueller Ausdrucksformen wie reimloser Gedichte in freien Rhythmen.

Hauptvertreter: Johann Wolfgang von Goethe (1749–1832), Friedrich Schiller (1759–1805), Gottfried August Bürger (1747–1794), Christian Friedrich Daniel Schubart (1739–1791)

3.3.1 Liebes- und Naturlyrik

Als einer der wichtigsten Wegbereiter der Lyrik des Sturm und Drang gilt Friedrich Gottlieb Klopstock, der sich gegen den strengen Gebrauch des Reimes, gegen feste Versmaße und für die Unabhängigkeit des künstlerischen Ausdrucks von regelhafter Poetik aussprach. Seine Forderungen verwirklichten die Dichter des Sturm und Drangs in ihrer Liebes- und Naturlyrik, die so zur Erlebnislyrik wurde.

Die Liebe wird in der Lyrik des Sturm und Drang als persönliches Erlebnis gestaltet und zugleich als individuelles, naturhaftes Gefühl, das durch keine gesellschaftlichen Konventionen eingeschränkt werden kann. Das Liebesmotiv erscheint daher oft in Verbindung mit einem intensiven Naturerlebnis.

Tipp **Erlebnislyrik**

In der Erlebnislyrik steht die seelische Stimmung des lyrischen Ichs im Mittelpunkt:

- Das lyrische Ich wird zum subjektiv erlebenden Ich, das seine individuellen Stimmungen, Erlebnisse und Gefühle ausdrückt.
- Dem Leser kommt die Aufgabe zu, das Gedicht zu verstehen, indem er das zum Ausdruck gebrachte „Erlebnis" nachempfindet.

Goethe schuf mit den „Sesenheimer Liedern" (1771) mustergültige Beispiele der Erlebnislyrik. Die Gedichte entstanden unter dem Einfluss seiner Liebe zu Friederike Brion und verbinden das intensive Erlebnis der Natur mit dem leidenschaftlichen Liebeserlebnis.

Johann Wolfgang von Goethe: Maifest (1771)

Wie herrlich leuchtet
Mir die Natur!
Wie glänzt die Sonne!
Wie lacht die Flur!

Es dringen Blüten
Aus jedem Zweig,
Und tausend Stimmen
Aus dem Gesträuch

Und Freud und Wonne
Aus jeder Brust.
O Erd', o Sonne,
O Glück, o Lust,

O Lieb', o Liebe,
So golden schön,
Wie Morgenwolken
Auf jenen Höhn,

Du segnest herrlich
Das frische Feld,
Im Blütendampfe
Die volle Welt.

O Mädchen, Mädchen,
Wie lieb' ich dich!
Wie blinkt dein Auge,
Wie liebst du mich!

So liebt die Lerche
Gesang und Luft,
Und Morgenblumen
Den Himmelsduft,

Wie ich dich liebe
Mit warmem Blut,
Die du mir Jugend
Und Freud' und Mut

Zu neuen Liedern
Und Tänzen gibst.
Sei ewig glücklich,
Wie du mich liebst!

Tipp **Analyse von Erlebnislyrik**

1. Versetzen Sie sich in die Situation des lyrischen Ichs und versuchen Sie, die im Gedicht beschriebene Situation nachzuempfinden.
2. Achten Sie bei der Analyse des Gedichtes darauf, wie sich das lyrische Ich der Natur als Mittel zur Darstellung seiner Gefühle bedient.
3. Bedenken Sie dabei aber, dass die Liebe im Sturm und Drang immer zugleich als persönliches Erlebnis und überpersönliche Macht aufgefasst wird, als eine Einheit von Ich, Natur und entkonfessionalisierter Religiosität.

Aspekte der Interpretation

Das Gedicht besteht aus neun Strophen zu je vier Versen. Es weist durchgehend einen Kreuzreim im zweiten und vierten Vers jeder Strophe auf, lediglich in der dritten Strophe reimen sich auch der erste und der dritte Vers. Das Metrum ist durchgehend jambisch und zweihebig, jeweils der erste und dritte Vers schließen mit einer weiblichen und der zweite und vierte Vers mit einer männlichen Kadenz.

Das lyrische Ich beschreibt in den ersten drei Strophen auf emphatische Art und Weise die Schönheit der Natur. Dabei ist eine deutliche Steigerung zu erkennen: In der ersten Strophe wird mithilfe von Ausrufesätzen („Wie ... !“) der Eindruck geschildert, den die Natur auf das lyrische Ich macht. Hierbei handelt es sich um ganz subjektive Eindrücke („leuchtet mir“). Nachdem das lyrische Ich in der zweiten Strophe mit der Beschreibung seiner Wahrnehmung der lebensvollen Natur fortfährt (Blüten, Vogelstimmen), nimmt es in der dritten Strophe einen universellen Standpunkt ein: in „jeder Brust“ findet sich das Glücksgefühl, es umfasst die Erde und den Himmel („O Erd’, o Sonne“).

Zu Beginn der vierten Strophe wird der Grund des Glücksgefühls genannt: die Liebe, die mit einer doppelten Invokation (Anrufung) eingeführt wird. Die Liebe wird mit der Schönheit der Natur in eins gesetzt („golden schön, Wie Morgenwolken“). Das lyrische Ich befindet sich aufgrund des Liebesgefühls in einer Aufbruchsstimmung, die sich in der frühlingshaften Natur (Attribute: frisch, golden, Morgen, knospende Blüten) widerspiegelt. Die Liebe wird als umfassendes, universelles Gefühl erfahren, das das lyrische Ich eine tiefe Verbundenheit zur Natur, der „vollen Welt“, spüren lässt.

In der sechsten Strophe wendet sich das lyrische Ich der Geliebten zu – ebenfalls in Form einer Invokation, die parallel gestaltet ist zu der Invokation der Liebe in Strophe vier. Das Geständnis der Liebe aus der sechsten Strophe wird wiederholt in der achten Strophe („Wie ich dich liebe / Mit warmem Blut“), und die Liebe wird von der Geliebten erwidert („Wie liebst du mich!“). Die Erfüllung in der Liebe findet sich in der erfüllten Natur wieder und in deren Ganzheit, die in dem Bild der Lerche (stellvertretend für Tiere) und der Morgenblumen (stellvertretend für Pflanzen) ihren Ausdruck findet. Am Ende erscheint die Liebe in einem übergeordneten Zusammenhang: So ewig wie die Natur soll auch das Gefühl zu der Geliebten sein.

3.3.2 Der Geniekult

Für die Dichter des Sturm und Drang ist die höchste Steigerung des Individuellen und Naturhaften das Genie. Durch seine schöpferische Kraft wird es gottähnlich, denn es orientiert sich nicht an Regeln, sondern schafft seine Kunstwerke spontan aus sich selbst heraus.

Goethes Hymne „Prometheus“, die zum Programmgedicht des Sturm und Drang geworden ist, verherrlicht das Genie, das sich gegen jegliche Autorität auflehnt und seinem Drängen nach Selbstverwirklichung und Lebenslust Ausdruck verleiht. Die Gestalt des Prometheus wird im Sturm und Drang geradezu zum Inbegriff der Genialität des schöpferischen Menschen, des Künstlers, der gottgleich gesetzt wird, jeglichem Zwang von außen trotzt und als autonomer Produzent seiner Werke agiert.

Basiswissen **Der Prometheus-Stoff**

Prometheus ist eine Figur aus der griechischen Mythologie. Er revoltierte gegen die Götter, indem er gegen den Willen des Zeus vom Olymp das Feuer raubte und es den Menschen brachte. Zur Strafe dafür, dass er den Göttern ihre Macht entriss, wurde er an einen Felsen im Kaukasus gekettet, wo ihm ein Adler seine immer wieder nachwachsende Leber aushackte.

Johann Wolfgang von Goethe: Prometheus (1774)

Bedecke deinen Himmel, Zeus,
Mit Wolkendunst!
Und übe, einem Knaben gleich,
Der Diesteln köpft,
An Eichen dich und Bergeshöhn!
Mußt mir meine Erde
Doch lassen stehn,
Und meine Hütte,
Die du nicht gebaut,
Und meinen Herd,
Um dessen Glut
Du mich beneidest.

Ich kenne nichts Ärmer's
Unter der Sonn' als euch Götter.
Ihr nähret kümmerlich
Von Opfersteuern
Und Gebetshauch
Eure Majestät
Und darbtet, wären
Nicht Kinder und Bettler
Hoffnungsvolle Toren.

Da ich ein Kind war,
Nicht wußt', wo aus noch ein,
Kehrte mein verirrtes Aug'
Zur Sonne, als wenn drüber wär'
Ein Ohr, zu hören meine Klage,
Ein Herz wie meins,
Sich des Bedrängten zu erbarmen.

Wer half mir wider
Der Titanen Übermut?
Wer rettete vom Tode mich,
Von Sklaverei?
Hast du's nicht alles selbst vollendet,
Heilig glühend Herz?
Und glühtest, jung und gut,
Betrogen, Rettungsdank
Dem Schlafenden dadroben?

Ich dich ehren? Wofür?
Hast du die Schmerzen gelindert
Je des Beladenen?
Hast du die Tränen gestillet
Je des Geängsteten?
Hat nicht mich zum Manne geschmiedet
Die allmächtige Zeit
Und das ewige Schicksal,
Meine Herrn und deine?

Wähntest du etwa,
Ich sollte das Leben hassen,
In Wüsten fliehen,
Weil nicht alle Knabenmorgen-
Blütenträume reiften?

Hier sitz' ich, forme Menschen
Nach meinem Bilde,
Ein Geschlecht, das mir gleich sei,
Zu leiden, weinen,
Genießen und zu freuen sich,
Und dein nicht zu achten,
Wie ich!

Analyse und Interpretation

Das reimlose Gedicht besteht aus sieben Strophen mit ungleicher Verszahl und ohne regelmäßiges Metrum. Die Länge der Verse schwankt zwischen zwei und zehn Silben. Zu Beginn des Gedichtes wendet sich Prometheus in Form eines Imperativs an Zeus und verdreht so die eigentlich erwartete Rollenverteilung: Prometheus, der aufrührerisch-kämpferische Held der altgriechischen Mythologie, der Menschen aus Ton formt und sie mit dem Feuer, das er vom Olymp geraubt hat, belebt, wendet sich ironisch an Zeus, den Göttervater. Prometheus fordert Zeus auf, seine mit Blitz und Donner gerüstete Macht an „Eichen" und „Bergeshöhn" zu erproben, um anschließend triumphierend zu resümieren, dass er die von Prometheus erschaffene Welt („Hütte", „Herd", „Glut") zu respektieren habe. Diese ironische Diktion steigert sich und mündet in offenen Spott („Ich kenne nichts Ärmer's / Unter der Sonn' als euch Götter! …", V. 12). Sprachlich drückt sich dieser Spott durch zahlreiche Imperative („Bedecke", „Übe") und bissige rhetorische Fragen („Ich dich ehren? Wofür?", V. 37) sowie durch den häufigen Gebrauch von Personalpronomina, die auf Gegensätze verweisen (ich – du, ihr; meine – deine, eure), aus.

Die Auflehnung gegen die Götter ist begründet in ihrer Macht- und Bedeutungslosigkeit (V. 38 ff.: „Hast du die Schmerzen gelindert / Je des Beladenen? / Hast du die Tränen gestillet / Je des Geängsteten?") und der Selbsterkenntnis der eigenen Stärken und Fähigkeiten („Hast du's nicht alles selbst vollendet, / Heilig glühend Herz? / Und glühtest, jung und gut, / Betrogen, Rettungsdank / Dem Schlafenden dadroben?", V. 33 ff.). Die Hymne schließt mit der emphatischen Selbstbehauptung der eigenen, schöpferischen Kraft: „Hier sitz' ich, forme Menschen / Nach meinem Bilde …"

Das Gedicht ist durch einen unruhigen, vorwärtsdrängenden Rhythmus, zahlreiche Invokationen, Ellipsen, einen parataktischen Satzbau und den Gebrauch von Superlativen geprägt. Es bedient sich einer hymnisch-feierlichen Sprache, die als Ausdruck von Prometheus' emotionaler Ergriffenheit, seines Kampfes um Unabhängigkeit, seines Tatendranges und seiner schöpferischen Kraft zu deuten ist.

3.3.3 Gedichte mit politischer Tendenz

Der Sturm und Drang wandte sich nicht nur gegen die Enge des bürgerlichen Lebens und die einseitige Vernunftorientierung der Aufklärung. Dichter wie Gottfried August Bürger und Christian Friedrich Daniel Schubart richteten sich in ihren Gedichten gegen den Absolutismus und den höfischen Adel und prangerten soziale Missstände an.

Biografie **Gottfried August Bürger und Christian Friedrich D. Schubart**

Bürgers umfangreiches lyrisches Werk umfasst Balladen tragisch-dramatischen Inhalts, Liebesgedichte in der Tradition der Empfindsamkeit und Anakreontik, aber auch politisch-satirische Gedichte.

Schubart erlangte insbesondere durch seine scharf formulierten sozialkritischen Schriften, mit denen er die absolutistische Herrschaft und deren Dekadenz anprangerte, historische Bedeutung. Seine Abhandlung „Zur Geschichte des menschlichen Herzens" aus dem Jahre 1775 diente Schiller als Quelle für „Die Räuber". (Die Abbildung zeigt C. F. D. Schubart.)

Gottfried August Bürger: Der Bauer an seinen durchlauchtigen Tyrannen (1776)

Wer bist du, Fürst, daß ohne Scheu
Zerrollen mich dein Wagenrad,
Zerschlagen darf dein Roß?

Wer bist du, Fürst, daß in mein Fleisch
Dein Freund, dein Jagdhund, ungebläut
Darf Klau' und Rachen hau'n?

Wer bist du, daß, durch Saat und Forst,
Das Hurra deiner Jagd mich treibt,
Entatmet, wie das Wild? –

Die Saat, so deine Jagd zertritt,
Was Roß, und Hund, und du verschlingst,
Das Brot, du Fürst, ist mein.

Du Fürst hast nicht, bei Egg' und Pflug,
Hast nicht den Erntetag durchschwitzt.
Mein, mein ist Fleiß und Brot! –

Ha! du wärst Obrigkeit von Gott?
Gott spendet Segen aus; du raubst!
Du nicht von Gott, Tyrann!

Aspekte der Interpretation

Bürger thematisiert in diesem Gedicht das Elend und Leid der Bauern unter der Herrschaft der sie regierenden Fürsten in anklagender Form. Die ersten drei Strophen bestehen aus rhetorischen Fragen, die, jeweils durch eine bewusst despektierliche Anrede („Wer bist du") eingeleitet, verschiedene Willkürhandlungen der Fürsten zeigen, woraufhin in den letzten drei Strophen der absolutistische Machtanspruch der Fürsten unverblümt zurückgewiesen wird („Ha! du wärst Obrigkeit von Gott? / […] / Du nicht von Gott, Tyrann!").

3.3.4 Balladendichtung

Der Sturm und Drang ist die Geburtsstunde der deutschen Ballade. Die sogenannten naturmagischen (numinosen) Balladen des Sturm und Drang stellen den Menschen als ein Wesen dar, das den magischen und häufig zerstörerischen Kräften der Natur hilflos ausgeliefert ist. Goethe wurde mit der Ballade „Der Erlkönig" zum Begründer der naturmagischen Balladendichtung. In den Balladen Gottfried August Bürgers und Christian Friedrich Daniel Schubarts spielen vor allem gesellschaftskritische Motive eine Rolle.

Basiswissen Ballade

- Die Herkunft des Begriffs „Ballade" ist nicht eindeutig zu bestimmen. Er kann abgeleitet werden vom englischen Wort *ballad* (volkstümliche Erzählung in Liedform) wie auch vom italienischen Wort *ballare* (tanzen).
- Die Verwendung des Begriffs hat sich in Deutschland erst im letzten Drittel des 18. Jahrhunderts durchgesetzt. Seit dem Erscheinen der Sammlung „Reliques of ancient English Poetry" (1756) von Thomas Percy in Deutschland dient das Wort zur Bezeichnung erzählender Gedichte meist düsteren und unheimlichen Inhalts.
- Da in der Volksliedtradition stehend, bedienten sich die Balladendichter der Sturm-und-Drang-Zeit einer klaren metrischen Gliederung sowie traditioneller Reimformen.

Johann Wolfgang von Goethe: Erlkönig (1782)

Wer reitet so spät durch Nacht und Wind?
Es ist der Vater mit seinem Kind;
Er hat den Knaben wohl in dem Arm,
Er faßt ihn sicher, er hält ihn warm. –

Mein Sohn, was birgst du so bang dein Gesicht? –
Siehst, Vater, du den Erlkönig nicht?
Den Erlenkönig mit Kron' und Schweif? –
Mein Sohn, es ist ein Nebelstreif. –

„Du liebes Kind, komm, geh mit mir!
Gar schöne Spiele, spiel' ich mit dir;
Manch' bunte Blumen sind an dem Strand;
Meine Mutter hat manch' gülden Gewand."

Mein Vater, mein Vater, und hörest du nicht,
Was Erlenkönig mir leise verspricht? –
Sei ruhig, bleibe ruhig, mein Kind!
In dürren Blättern säuselt der Wind. –

„Willst, feiner Knabe du mit mir gehn?
Meine Töchter sollen dich warten schön;
Meine Töchter führen den nächtlichen Reihn
Und wiegen und tanzen und singen dich ein."

Mein Vater, mein Vater, und siehst du nicht dort
Erlkönigs Töchter am düstern Ort? –
Mein Sohn, mein Sohn, ich seh' es genau;
Es scheinen die alten Weiden so grau. –

„Ich liebe dich, mich reizt deine schöne Gestalt;
Und bist du nicht willig, so brauch' ich Gewalt!" –
Mein Vater, mein Vater, jetzt faßt er mich an!
Erlkönig hat mir ein Leids getan! –

Dem Vater grauset's, er reitet geschwind,
Er hält in den Armen das ächzende Kind,
Erreicht den Hof mit Mühe und Not;
In seinen Armen das Kind war tot.

3

Tipp **Analyse naturmagischer Balladen**

Achten Sie bei der Analyse naturmagischer Balladen insbesondere darauf, wie magische Deutungen natürlicher Erscheinungen rationalen Erklärungen gegenüberstehen. Welche Konsequenzen ergeben sich hieraus für die Interpretation?

Aspekte der Interpretation

Goethes Ballade „Erlkönig" beschreibt vordergründig den dramatischen Heimritt eines Vaters mit seinem Sohn durch einen dunklen Wald bei Nacht und Sturm, in dessen Verlauf das Kind die Gestalt des Erlkönigs – so Goethes Bezeichnung für die aus der dänischen Sagenliteratur stammende Figur des Elfenkönigs – in einem „Nebelstreif" (V. 8) zu erkennen glaubt, sich ängstigt und anschließend verstirbt. Obwohl der Vater seinen Sohn zu beruhigen sucht (vgl. V. 5 und 8 sowie V. 13–16), gelingt es dem Knaben nicht, sich dem Einfluss der Erscheinung zu entziehen (Strophe 5), was schließlich zur Katastrophe führt (Strophe 7 und 8). Dem Kind erscheint der „Nebelstreif" in personifizierter Form als „Erlenkönig mit Kron' und Schweif" (V. 7) und es deutet das Pfeifen des Windes (vgl. V. 12) als Einflüsterungen des Erlkönigs (vgl. V. 13–14), wohingegen der Vater nach natürlichen Erklärungen sucht (vgl. V. 27–28).

Sucht man nach einer rationalen Interpretation der Ballade, so wären die Erscheinungen des Kindes als Ausdruck halluzinatorischer Angst- und Fieberträume zu deuten. Andererseits ist es jedoch auch möglich, den Erlkönig als eine allegorische Umschreibung für erste unbewusste pubertäre Ahnungen des Jungen anzusehen: Der Junge, der den erotischen Versprechungen („Meine Töchter führen den nächtlichen Reihn / Und wiegen und tanzen und singen dich ein", V. 19–20) des Erlkönigs erliegt, wird durch den nächtlichen Ausflug ins dämonische Leben seiner Unschuld – und seines Lebens – beraubt.

3.4 Weimarer Klassik

Die Weimarer Klassik umfasst den Zeitraum zwischen 1786, dem Beginn der ersten Italienreise Goethes, und 1805, dem Todesjahr Schillers, in einem engeren Sinne die gemeinsame Schaffensperiode Goethes und Schillers zwischen 1794 und 1805 im damaligen Herzogtum Sachsen-Weimar.

Der Begriff „Klassik“ ist eine allgemeine Bezeichnung für Epochen, die von den nachfolgenden Zeiten als vorbildhaft, zeitlos gültig und normbildend anerkannt werden. Goethe und Schiller bezeichneten sich selbst nie als Klassiker und ihre Werke nie als klassisch, erst von der Literaturgeschichtsschreibung des 19. Jahrhunderts wurden sie als Klassiker bezeichnet. Die Dichter verwendeten zwar die Begriffe „Klassik“ und „klassisch“, bezogen diese Wörter aber ausschließlich auf die Literatur und Kunst der Antike.

Basiswissen **Lyrik der Weimarer Klassik**

Themen: Im Vordergrund stehen „Menschheitsthemen“ wie Betrachtungen über die Moralität des Menschen und seine sittliche Verantwortung sowie über allgemeine Gesetzmäßigkeiten des Lebens.

Formale Kennzeichen:

- In Anlehnung an das antike Kunstideal wird nach Vollkommenheit und harmonischer Übereinstimmung von Inhalt und Form gestrebt.
- An die Stelle einer ungebändigten und leidenschaftlichen Sprache sowie der Formlosigkeit des Sturm und Drang tritt das Bedürfnis nach einer strengen Form zur Darstellung des Wahren, Schönen und Guten.
- Die Dichter lehnen sich formal an antike Muster wie Oden und Elegien an.
- Sie verwenden antike Metren oder freie Rhythmen.

Vertreter: Johann Wolfgang von Goethe (1749–1832), Friedrich Schiller (1759–1805)

3.4.1 Die Rückbesinnung auf die Antike

Im Mittelpunkt der Weimarer Klassik steht die Wiederentdeckung der Antike, die Goethe vor allem während seiner Italienreise studieren konnte. In der Kunst der Antike erkennen die Weimarer Klassiker zeitlos gültige Musterbilder vollendeter Menschennatur und Kunstschönheit sowie Vorbilder der Humanität. Diese **Humanität** prägte das Menschenbild Goethes und Schillers. Sie strebten durch ihre Dichtung die Erziehung des Menschen zur Humanität an, zu einer harmonischen Persönlichkeit, die alle ihre Fähigkeiten und Eigenschaften sowie Verstand und Gefühl gleichmäßig in sich vereinigt.

Goethe und Schiller verstanden das literarische Kunstwerk als **autonom,** d. h., es hatte nicht mehr wie im Barock oder in der Aufklärung den Zweck, Affekte hervorzurufen oder zu belehren. Es sollte von allem Subjektiven und Zufälligen befreit sein und sich auf das Allgemeinmenschliche, Objektive, die ewigen Gesetze der Natur ausrichten.

Aus diesem Grund wandten sich Goethe und Schiller von der Leidenschaft und der Formfreiheit der Dichtung des Sturm und Drang ab und verwendeten **antike Formen** wie Oden oder Elegien, die aufgrund strenger Versmaße und gleichmäßigen Aufbaus geeignet waren, eine harmonische und idealisierende Entsprechung von Inhalt und Form zu bewirken.

Basiswissen Elegie

- Elegien waren in der Antike ursprünglich mit Flötenbegleitung vorgetragene Gedichte.
- Sie bestehen aus **Distichen,** also Zweizeilern, die in der ersten Zeile einen Hexameter und in der zweiten Zeile einen Pentameter aufweisen (s. S. 24).

Goethes „Römische Elegien" sind ein Zyklus mit 24 Gedichten erotischen Inhalts. Der ursprüngliche Titel lautete „Erotica Romana". Sie sind inspiriert von den Liebeselegien der antiken Dichter Catull, Horaz, Properz und Tibull und entstanden nach Goethes Italienreise zwischen 1788 und 1790.

Johann Wolfgang von Goethe: Fünfte Römische Elegie (1795)

Froh empfind' ich mich nun auf klassischem Boden begeistert,
Lauter und reizender spricht Vorwelt und Mitwelt zu mir.
Ich befolge den Rat, durchblättre die Werke der Alten
Mit geschäftiger Hand täglich mit neuem Genuß.
Aber die Nächte hindurch hält Amor mich anders beschäftigt;
Werd ich auch halb nur gelehrt, bin ich doch doppelt vergnügt.
Und belehr ich mich nicht? wenn ich des lieblichen Busens
Formen spähe, die Hand leite die Hüften hinab.
Dann versteh ich erst recht den Marmor, ich denk' und vergleiche,
Sehe mit fühlendem Aug', fühle mit sehender Hand.
Raubt die Liebste denn gleich mir einige Stunden des Tages;
Gibt sie Stunden der Nacht mir zur Entschädigung hin.
Wird doch nicht immer geküßt, es wird vernünftig gesprochen,
Überfällt sie der Schlaf, lieg ich und denke mir viel.
Oftmals hab' ich auch schon in ihren Armen gedichtet
Und des Hexameters Maß, leise, mit fingernder Hand,
Ihr auf den Rücken gezählt, sie atmet in lieblichem Schlummer
Und es durchglühet ihr Hauch mir bis ins tiefste die Brust.
Amor schüret indes die Lampe und denket der Zeiten,
Da er den nämlichen Dienst seinen Triumvirn getan.

Aspekte der Interpretation

Goethes fünfte Römische Elegie besteht aus zehn reimlosen Distichen, in denen das lyrische Ich einerseits von seinen Studien der antiken Kunst („Froh empfind' ich mich nun auf klassischem Boden begeistert / […] durchblättre die Werke der Alten"), andererseits von seinen nächtlichen Liebeserlebnissen („Aber die Nächte hindurch hält Amor mich anders beschäftigt") berichtet. Beide Erfahrungen stehen dabei nicht isoliert einander gegenüber, sondern bilden eine harmonische Einheit, indem einerseits die erotische Erfahrung auf scherzhafte Art und Weise überhöht wird („Und belehr' ich mich nicht? Wenn ich des lieblichen Busens / Formen erspähe

[…]“) und andererseits die Liebeserfahrung zum Anlass eigner Dichtung in antikisierender Form genommen wird („Oftmals hab’ ich auch schon in ihren Armen gedichtet / Und des Hexameters Maß […] / […] Ihr auf den Rücken gezählt“), was insbesondere im abschließenden Distichon deutlich wird, in dem das lyrische Ich die Anwesenheit des Liebesgottes Amor („Amor schüret indes die Lampe“) besingt und dabei zugleich in Form einer Anspielung („Triumvirn“) auf die Gegenwärtigkeit der antiken Elegiendichter Catull, Tibull und Properz anspielt.

Im Gegensatz zu Goethe und Schiller stellt für **Friedrich Hölderlin** die Antike eine untergegangene Epoche dar, zu der die Gegenwart, die von Hölderlin als eine Zeit der Ungewissheit, der Bedrohung und des Untergangs erlebt wurde, keinen Zugang mehr hat.

Biografie **Friedrich Hölderlin**

Friedrich Hölderlin (1770–1843) gehört wie Heinrich von Kleist (1777–1811) und Jean Paul (1763–1825) zu Dichtern, die weder eindeutig der Epoche der Klassik noch eindeutig der Epoche der Romantik zugeordnet werden können. Hölderlin gestaltet in seiner Dichtung die Sehnsucht nach der Erfahrung des Göttlichen und sucht die nach der Antike verloren gegangene Harmonie zwischen Göttern, Menschen und Natur.

Friedrich Hölderlin: Der Zeitgeist (1800, Auszug)

Zu lang schon waltest über dem Haupte mir,
Du in der dunkeln Wolke, du Gott der Zeit!
Zu wild, zu bang ist’s ringsum, und es
Trümmert und wankt ja, wohin ich blicke.

Ach! wie ein Knabe, seh’ ich zu Boden oft,
Such’ in der Höhle Rettung von dir, und möcht’,
Ich Blöder, eine Stelle finden,
Alleserschütt’rer! wo du nicht wärest.
[…]

Aspekte der Interpretation

Hölderlin zeichnet in diesen Versen ein bedrückendes Bild der Gegenwart, die vom „Gott der Zeit“, der auch als „Alleserschütt’rer“ bezeichnet wird, beherrscht wird. Die Gegenwart erscheint dem lyrischen Ich als eine Zeit der Zerstörung („[…] es / Trümmert und wankt ja, wohin ich blicke“) und auch die Flucht in die Vergangenheit („Such’ in der Höhle Rettung von dir“) verspricht keine Rettung und ist vergeblich, weswegen sich das lyrische Ich als „Blöder“ apostrophiert. Hölderlins Verse stehen in einem deutlichen Kontrast zu den Eingangsversen Goethes aus der fünften Römischen Elegie, in denen das lyrische Ich die Einheit von „Vorwelt und Mitwelt“, also Vergangenheit und Gegenwart, besingt.

3.4.2 Die Ideenballaden Schillers

Für Schiller hat die Kunst die Aufgabe der **ästhetischen Erziehung.** Sie löst den Menschen aus dem Natürlichen und Triebhaften und macht ihm seine höhere Bestimmung zur Freiheit, Vernunft und Sittlichkeit bewusst. In seinen Ideenballaden zeigt er anhand einer dramatischen Handlung die ethische Dimension menschlichen Handelns auf, indem er die Figuren und das Geschehen einer tragenden moralischen Idee unterwirft.

Basiswissen **Das Balladenjahr 1797**

Als „Balladenjahr" bezeichnet man innerhalb der Weimarer Klassik das Jahr 1797, in dem innerhalb weniger Monate viele der bekanntesten Balladen Goethes (u. a. „Der Zauberlehrling", „Die Braut von Korinth", „Der Schatzgräber") und Schillers (u. a. „Der Taucher", „Der Handschuh", „Der Ring des Polykrates", „Die Kraniche des Ibykus", „Die Bürgschaft") entstanden.

Mit der volkstümlichen Form der Ballade wollten Goethe und Schiller die Idee der Humanität volkstümlich vermitteln. Goethe und Schiller diskutierten ihre Balladen brieflich miteinander und veröffentlichten sie im von Schiller herausgegebenen „Musenalmanach auf das Jahr 1798".

In der **Ideenballade** wird das Individuelle zur überzeitlichen „idealischen Allgemeinheit" geführt. So thematisiert Schiller etwa in seiner aus 20 Strophen mit je sieben Versen bestehenden Ballade **„Die Bürgschaft"** in idealisierter Form das Freundschaftsmotiv. Zunächst berichtet das lyrische Ich von einem fehlgeschlagenen Tyrannenmord an Dionysos, einem für seine Grausamkeit bekannten Tyrannen, sowie von der Festnahme des gescheiterten Attentäters Damon und der anschließend von Dionysos über ihn verhängten Todesstrafe. Wegen der bevorstehenden Heirat seiner Schwester gewährt Dionysos Damon jedoch eine Schonfrist von drei Tagen, verlangt aber im Gegenzug für dessen pünktliche Rückkehr eine Bürgschaft, nämlich die Gefangennahme seines Freundes Phintias, der, sollte Damon nicht rechtzeitig zurückkommen, an seiner Stelle gehenkt werden würde. Zur Überraschung des Tyrannen jedoch kehrt Damon nach einigen dramatischen Verwicklungen tatsächlich in letzter Minute zurück, um den Freund auszulösen. Beschämt muss Dionysios den Wert der Treue anerkennen und bittet, moralisch geläutert, die Freunde darum, ihn in ihren Freundschaftsbund aufzunehmen.

Die Idee der **Humanität** wird auf folgende Weise verwirklicht: Damon wird nicht als hinterhältiger Meuchelmörder dargestellt, sondern als ein Idealist, der in dem Mord am Tyrannen die einzige Möglichkeit sieht, politische Freiheit zu erlangen. Er versucht nicht, sich seiner Verantwortung zu entziehen, sondern akzeptiert das Todesurteil des Tyrannen. Schiller betont die Bösartigkeit des Tyrannen, der damit rechnet, dass Damon sich davonstehlen wird. Die Willkür seiner Herrschaft, die den Mord an ihm rechtfertigt, zeigt sich darin, dass er den unschuldigen Bürgen für ein Verbrechen, das er nicht begangen hat, töten lassen will. Am Ende besiegt der hohe Wert der Treue, den Dionysos anerkennt, die Tyrannei.

3.4.3 Goethes klassische Oden

Wie Schiller strebt auch Goethe nach einer Vereinigung der widerstreitenden Kräfte Verstand und Gefühl im Menschen. In seinen Oden beschreibt Goethe einen harmonischen Idealzustand, der für ihn gleichbedeutend ist mit der Verwirklichung des Göttlichen im Menschlichen.

Basiswissen Ode

- Der Begriff der Ode kommt aus dem Griechischen und bedeutet „Gesang".
- Oden behandeln vielfach philosophische Themen und zeichnen sich durch einen gehobenen und oftmals pathetischen Sprachstil aus.
- Sie sind strophisch gegliedert, in der Regel reimlos und folgen oftmals keinem festen Metrum.

Während Goethe noch in seinen Sturm-und-Drang-Hymnen durch die radikale Abkehr des Menschen von den Göttern („Prometheus") oder aber durch eine radikale Hinwendung des Menschen zum Göttlichen („Ganymed") das genialische Selbstverständnis des Menschen feierte, relativiert er in **„Grenzen der Menschheit"** diese Auffassung, indem er das Verhältnis zwischen den Menschen und den Göttern neu bedenkt.

Johann Wolfgang von Goethe: Grenzen der Menschheit (1781)

Wenn der uralte
Heilige Vater
Mit gelassener Hand
Aus rollenden Wolken
Segnende Blitze
Über die Erde sät,
Küss ich den letzten
Saum seines Kleides,
Kindliche Schauer
Treu in der Brust.

Denn mit Göttern
Soll sich nicht messen
Irgend ein Mensch.
Hebt er sich aufwärts
Und berührt
Mit dem Scheitel die Sterne,
Nirgends haften dann
Die unsichern Sohlen,
Und mit ihm spielen
Wolken und Winde.

Steht er mit festen,
Markigen Knochen
Auf der wohlgegründeten
Dauernden Erde,
Reicht er nicht auf,
Nur mit der Eiche
Oder der Rebe
Sich zu vergleichen.

Was unterscheidet
Götter von Menschen?
Daß viele Wellen
Vor jenen wandeln,
Ein ewiger Strom:
Uns hebt die Welle,
Verschlingt die Welle,
Und wir versinken.

Ein kleiner Ring
Begrenzt unser Leben,
Und viele Geschlechter
Reihen sich dauernd
An ihres Daseins
Unendliche Kette.

Aspekte der Interpretation

Die Anfangsstrophe zeigt das Verhalten und die Empfindungen des lyrischen Ichs gegenüber der Gottheit: Dem göttlichen Machtbeweis (Gewitter) wird mit dem Gestus ehrfürchtiger Ergebenheit (Küssen des Saumes, V. 7/8) und des Vertrauens („kindliche Schauer treu in der Brust", V. 9/10) begegnet, woraus sich das in der zweiten Strophe formulierte Verbot der Vergleichbarkeit von Mensch und Gottheit ergibt („Denn mit Göttern / Soll sich nicht messen / Irgend ein Mensch"), das wie ein entschiedener Widerruf der Aussagen in den Hymnen „Prometheus" oder „Ganymed" wirkt und dessen Berechtigung in den folgenden Versen (V. 14–28) bildhaft in Form eines Größenvergleichs gezeigt wird. Während in den Sturm-und-Drang-Hymnen ein unmittelbares Verhältnis zu den Göttern gesucht wurde, ist das Verhältnis zum Göttlichen jetzt geprägt von Distanz und Selbstbescheidung. Das Göttliche wird jetzt am „Saum seines Kleides" wahrgenommen, also am äußersten Rand des Kleides, aus der Entfernung und mit großer Demut. Während Prometheus sich mit den Göttern messen und sie sogar übertreffen wollte, spricht „Grenzen der Menschheit" davon, dass ein solcher Aufschwung in die höheren Sphären dem Menschen gefährlich werden kann: Er findet keinen Halt und wird ein Spielball des Zufalls („Wolken und Winde").

Ausgehend von der zentralen Fragestellung des Gedichts „Was unterscheidet Götter von Menschen?" verdeutlicht Goethe in den beiden Schlussstrophen unter Zuhilfenahme weiterer sprachlicher Bilder („Welle" und „Strom" sowie „Ring" und Kette") den Gedanken der Endlichkeit und Begrenztheit des Menschen: Während „ein ewiger Strom" die Unendlichkeit des Götterdaseins beschreibt, zeigt sich die Endlichkeit des Menschen darin, dass ihn die Welle „verschlingt". Sein Dasein ist begrenzt („Ein kleiner Ring / Begrenzt unser Leben") und nur durch die Generationenabfolge, als kleiner Teil des Ganzen, hat er Anteil an der „unendliche[n] Kette" des Daseins.

Tipp **Goethe: Sturm und Drang vs. klassische Lyrik**

Goethes klassische Lyrik steht in großem Gegensatz zu seinen Sturm-und-Drang-Hymnen. Achten Sie bei der Interpretation auf folgende Gegensätze:

- Unmittelbarkeit – Mittelbarkeit im Verhältnis zum Göttlichen
- Überschwang – Demut / Bescheidenheit bei der Erfahrung des Göttlichen
- Subjektive Wahrnehmung (Fühlen) – objektive Wahrnehmung (Anschauen)
- Ungeduldiger Zugriff auf das Göttliche – geduldiges Sichzurücknehmen
- Das subjektive Gefühl – das Betrachten objektiver Gesetzmäßigkeiten in der Natur

Die Ode **„Das Göttliche"** beschreibt eine Weiterentwicklung in Goethes Denken: Einerseits greift Goethe in diesem Gedicht das aus „Grenzen der Menschheit" bekannte Motiv des Lebenskreises auf („Nach ewigen, ehrnen / Großen Gesetzen / Müssen wir alle / Unseres Daseins / Kreise vollenden"), indem er erneut den Gedanken der Endlichkeit und Zeitlichkeit des menschlichen Daseins betont, andererseits betont er die Sonderstellung des Menschen gegenüber der „unfühlend[en]" Natur und dem Göttlichen, das als Projektionsfläche des menschlichen Ideals erscheint.

Johann Wolfgang von Goethe: Das Göttliche (1783)

Edel sei der Mensch,
Hilfreich und gut!
Denn das allein
Unterscheidet ihn
Vor allen Wesen,
Die wir kennen.

Heil den unbekannten
Höhern Wesen,
Die wir ahnen!
Ihnen gleiche der Mensch;
Sein Beispiel lehr uns
Jene glauben.

Denn unfühlend
Ist die Natur:
Es leuchtet die Sonne
Über Bös' und Gute,
Und dem Verbrecher
Glänzen wie dem Besten
Der Mond und die Sterne.

Wind und Ströme,
Donner und Hagel
Rauschen ihren Weg
Und ergreifen
Vorüber eilend
Einen um den andern.

Auch so das Glück
Tappt unter die Menge,
Fasst bald des Knaben
Lockige Unschuld,
Bald auch den kahlen
Schuldigen Scheitel.

Nach ewigen, ehrnen,
Großen Gesetzen
Müssen wir alle
Unseres Daseins
Kreise vollenden.

Nur allein der Mensch
Vermag das Unmögliche:
Er unterscheidet,
Wählet und richtet;
Er kann dem Augenblick
Dauer verleihen.

Er allein darf
Den Guten lohnen,
Den Bösen strafen,
Heilen und retten,
Alles Irrende, Schweifende
Nützlich verbinden.

Und wir verehren
Die Unsterblichen,
Als wären sie Menschen,
Täter im großen,
Was der Beste im Kleinen
Tut oder möchte.

Der edle Mensch
Sei hilfreich und gut!
Unermüdet schaff er
Das Nützliche, Rechte,
Sei uns ein Vorbild
Jener geahneten Wesen!

Aspekte der Interpretation

Die Ode beginnt mit einer Ermahnung des Menschen zur Tugendhaftigkeit („Edel sei der Mensch / Hilfreich und gut", V. 1–2), die mit seiner Urteilsfähigkeit („Nur allein der Mensch / Vermag das Unmögliche: / Er unterscheidet, / Wählet und richtet", V. 20–23) begründet wird. Hieraus ergibt sich eine Sonderstellung des Menschen gegenüber der Natur (V. 7–11) sowie gegenüber den Schicksalsgöttern (vgl. V. 14–19). Denn sie sind „unfühlend". Dagegen ist jedoch nur der Mensch in der Lage, Humanität zu verwirklichen. Denn er kann freie Entscheidungen treffen, richten und mitfühlen. Er kann „dem Augenblick Dauer verleihen", d.h., er kann von dem Individuellen, Zufälligen, Willkürlichen, der Zeit Unterworfenen absehen und das Allgemeingültige, Notwendige und Wesenhafte erkennen und danach handeln. Das ist das Göttliche, das jeder Mensch in sich trägt.

3.5 Romantik

Die Wurzeln der Romantik (ca. 1790–1835) liegen in der Kritik am einseitigen Rationalismus des 18. Jahrhunderts. Die Romantiker sehen darin eine Beschränkung, Verflachung und „Entzauberung" der Welt und sehnen sich nach der Überwindung alltäglicher Begrenzungen und der Erfahrung einer höheren Wirklichkeit. Diese höhere Wirklichkeit liegt nach romantischer Auffassung hinter den sinnlich erfahrbaren Dingen und erschließt sich nur dem ahnenden Gefühl, der Vision und der Fantasie. Die Romantiker wandten sich daher der irrationalen Welt der Träume und des Unterbewusstseins zu.

Das künstlerische Programm der Romantik, die sogenannte **„Universalpoesie"**, zielt auf die Verschmelzung aller künstlerischen Gattungen mit dem Leben ab. Die Aufgabe der romantischen Poesie ist es, die Welt wieder in ihren ursprünglichen, geheimnisvollen Zustand zurückzuversetzen, der durch die einseitig rationale Welterklärung entzaubert worden ist. Das Ziel der Dichtung ist eine Wiederherstellung einer verlorenen Harmonie und Ganzheit des Menschen mit sich selbst und mit dem Leben, eine Art goldenes Zeitalter, das die Romantiker im Mittelalter verwirklicht sehen.

Basiswissen **Romantische Lyrik**

Formen und Motive:
- Die Romantiker weiten den Literaturbegriff aus und schließen die Volkspoesie ausdrücklich mit ein. Sie bevorzugen schlichte volksliedhafte Formen.
- Bilder aus der Natur und Seelenzustände werden häufig aufeinander bezogen.
- Stereotyp wiederkehrende Naturbilder wie Wald, Mond, Sterne, Blumen sind bewusst unbestimmt gehalten, um beim Leser Assoziationen freizusetzen. Bei Eichendorff symbolisieren sie oft die verlorene harmonische Welt.
- Die Sehnsucht nach dem Unerreichbaren, Unendlichen prägt das romantische Lebensgefühl am meisten. In der Sehnsucht nach der Ferne verbindet sie sich in der Lyrik häufig mit dem Wandermotiv.

Hauptvertreter: Ludwig Tieck (1773–1853), Novalis (Friedrich von Hardenberg, 1772–1801), Clemens Brentano (1778–1842), Joseph von Eichendorff (1788–1857), Heinrich Heine (1797–1856), Friedrich Schlegel (1772–1829)

3.5.1 Das Motiv der Sehnsucht in der Natur- und Liebeslyrik

Die Romantiker sehnten sich nach einer Wiederherstellung der Einheit des Menschen mit der Natur, die durch die rationalistische Welterfassung der Aufklärung zerstört worden ist. Die romantische Sehnsucht nach der Wiederherstellung dieser verloren geglaubten Einheit drückt sich insbesondere in der Naturerfahrung des lyrischen Ichs aus. Die Naturbilder symbolisieren häufig einen seelischen Zustand oder eine Stimmung. Das Gefühl des Verlusts der Einheit des Menschen mit Gott und der Natur zeigt sich insbesondere in der romantischen Liebeslyrik.

Joseph von Eichendorff: Mondnacht (1837)

Es war, als hätt' der Himmel
Die Erde still geküsst,
Dass sie im Blütenschimmer
Von ihm nur träumen müsst'.

Die Luft ging durch die Felder,
Die Ähren wogten sacht,
Es rauschten leis die Wälder,
So sternklar war die Nacht.

Und meine Seele spannte
Weit ihre Flügel aus,
Flog durch die stillen Lande,
Als flöge sie nach Haus.

Aspekte der Interpretation

Das lyrische Ich transzendiert in diesem romantischen Naturgedicht die es umgebende sinnlich fassbare Wirklichkeit bereits in der ersten Strophe mit der Personifikation des Himmels, der die Erde küsst. Schon in diesem Bild ist die Wiedervereinigung des Irdischen mit dem Himmlischen eingefangen. Das Himmlische ist nach dem Kuss in dem Irdischen in Form der Blüten wieder präsent. Die zweite Strophe gibt weitere Signale für die Anwesenheit des Göttlichen in der Natur: Der Wind geht als himmlischer Atem durch die Natur und bewegt sie, erweckt sie zum Leben. Die Nacht wird hier bewusst als Tageszeit gesetzt, in der das Göttliche erfahrbar ist. In der dritten Strophe geht es erstmals um das lyrische Ich. Angesichts der göttlich belebten Natur ist auch dem lyrischen Ich eine Erfahrung des Göttlichen möglich. Erneut verwendet Eichendorff eine Personifikation, um das auszudrücken: Die Seele spannt weit ihre Flügel aus und fliegt durch die Lande. Das so in Szene gesetzte Wandermotiv meint jedoch keine tatsächliche Wanderung durch die Landschaft, vielmehr handelt es sich um eine innere Wanderung, die am Ende „zu Hause" ankommt. In dieses Bild, das jedoch bewusst mit dem Konjunktiv verknüpft ist, fasst Eichendorff die Sehnsucht nach der Vereinigung des Menschen mit dem Göttlichen, wie sie in der Natur erlebt werden kann.

Clemens Brentano: Der Spinnerin Nachtlied (1802)

Es sang vor langen Jahren
Wohl auch die Nachtigall,
Das war wohl süßer Schall,
Da wir zusammen waren.

Ich sing und kann nicht weinen
Und spinne so allein
Den Faden klar und rein,
So lang der Mond mag scheinen.

Als wir zusammen waren,
Da sang die Nachtigall,
Nun mahnet mich ihr Schall,
Daß du von mir gefahren.

So oft der Mond mag scheinen,
Gedenk ich dein allein,
Mein Herz ist klar und rein,
Gott wolle uns vereinen.

Seit du von mir gefahren,
Singt stets die Nachtigall,
Ich denk bei ihrem Schall,
Wie wir zusammen waren.

Gott wolle uns vereinen,
Hier spinn ich so allein,
Der Mond scheint klar und rein,
Ich sing und möchte weinen!

Basiswissen **Das romantische Volkslied**

Das romantische Volkslied bedient sich hinsichtlich Strophenbau und Reim einer scheinbar einfachen Form sowie volkstümlicher Motive (Wandern, Jagd). Das Wandermotiv steht dabei häufig für die Sehnsucht des Menschen nach dem Wiederfinden der verlorenen Einheit mit Natur und Gott. Das Leiden an einer unglücklichen Liebe steht für den Verlust dieser Einheit.

Aspekte der Interpretation

Das Gedicht ist der Monolog eines ihren Geliebten beweinenden Mädchens. In die Gegenwart des Gesangs mischen sich Erinnerungen an die glückliche Vergangenheit sowie die Hoffnung auf die zukünftige Aufhebung der Trennung („Gott wolle uns vereinen"). Die Erlösungshoffnung des lyrischen Ichs bleibt aber unerfüllt, die Erfahrung der Trennung ist sprachlich betont durch die monotone Variation der stets gleichen Bilder und Motive (Singen der Nachtigall und Zusammensein in Strophe 1, 3 und 5 sowie Mond und Sehnsucht nach Wiedervereinigung in Strophe 2, 4 und 6), die gleichzeitig den Gleichlauf des Spinnrads zum Ausdruck bringen. Der Blick des lyrischen Ichs ist ausschließlich auf die Vergangenheit und die einsame Gegenwart gerichtet. Seine Einsamkeit wird durch das im Titel angedeutete Nachtmotiv betont.

3.5.2 Mystische Welterfahrung und romantische Religiosität

Die Romantik ist eine Zeit des religiösen Enthusiasmus. Dabei muss jedoch immer berücksichtigt werden, dass Bezüge zur christlichen, vor allem katholischen Religion zumindest in der Frühromantik nur als Mittel dienen, um Bilder einer Vereinigung des Menschen mit dem Göttlichen zu finden. Daher widmeten sich die Romantiker den Gedanken des Mystikers Jakob Böhme (1557–1624), in denen eine unmittelbare Erfahrung des Göttlichen zum Ausdruck kommt. In Novalis' „Hymnen an die Nacht" vermischen sich mystisch-religiöse mit erotischen Motiven der Vereinigung.

Biografie **Novalis (Friedrich von Hardenberg)**

Novalis gilt als bedeutendster Vertreter der deutschen Frühromantik. Sein theoretisches Werk ist geprägt von der Suche nach einer neuen Poesie, die die Welt „romantisieren" sollte, um dem verborgenen höheren Sinn des Weltganzen auf die Spur zu kommen und die durch rationalistisches Denken verloren gegangene Harmonie des Menschen mit der Natur und Gott wiederherzustellen. 1795 verlobte er sich mit der zwölfjährigen Sophie von Kühn, die 1797 starb. Ihr früher Tod verstärkte seine mystischen Neigungen und spielte eine zentrale Rolle in seinem Schaffen. Das Todeserlebnis verarbeitete er in transzendenter Überhöhung in den „Hymnen an die Nacht".

Die „Hymnen an die Nacht" thematisieren in einer sprachlich überschwänglichen Form die Überwindung des Todes. Sie heben mit einem emphatischen Lobpreis des Lichts an, dem eine Auseinandersetzung mit dem Tod und der Sehnsucht nach Erlösung folgt. Anschließend wird die Nacht als das Element des Lebens erkannt, das eine tiefere Erfahrung des Göttlichen ermöglicht. Die Nacht unterliegt nicht mehr den Begrenzungen der „irdischen Natur" und eröffnet so eine „heilige Welt", die dem lyrischen Ich durch die entgrenzende Liebe zu seiner verstorbenen Braut zuteil wird.

3.5.3 Heinrich Heine und die Romantik

Heinrich Heines (1797–1856) Lyrik ist durch eine ironische Brechung der romantischen Formen und Motive geprägt. Heine übernimmt die romantischen Formen (Volkslied) und die Motive der Natur- und Liebeslyrik sowie den sprachlichen Duktus der romantischen Lyrik und entlarvt sie in parodistischer Weise als naiv, träumerisch und wirklichkeitsfremd.

Tipp **Interpretation von Parodien**

Achten Sie bei der Analyse parodistischer Nachahmungen von Werken und Dichtungsmustern immer darauf, auf welche Art und Weise tradierte künstlerische Klischees als solche entlarvt werden.

Heinrich Heine: Das Fräulein stand am Meere (1844)

Das Fräulein stand am Meere
Und seufzte lang und bang,
Es rührte sie so sehre
Der Sonnenuntergang.

Mein Fräulein! seyn Sie munter,
Das ist ein altes Stück;
Hier vorne geht sie unter
Und kehrt von hinten zurück.

Aspekte der Interpretation

Diese Parodie auf die romantischen Naturgedichte erzielt Heine dadurch, dass er sich einerseits der romantischen Form – und damit auch entsprechender Leseerwartungen – bedient, andererseits aber den Inhalt humoristisch verfälscht. Schon in der ersten Strophe erhebt sich der Sprecher spöttisch über das romantische Naturerleben, indem er die Gefühle des Fräuleins als übertrieben darstellt: „Es rührte sie so sehre", wobei „sehr" durch das eigentlich nicht korrekte Anhängen des e zum Reimwort zu „Meere" gemacht wird. In der zweiten Strophe wird das romantische Naturerlebnis offen ironisch gebrochen: Der Sprecher reißt das Fräulein aus seiner verträumten Stimmung und ermahnt es, in die Realität zurückzukehren (V. 5). Indem der Sprecher gleichzeitig eine alltagssprachlich gehaltene Erklärung des Naturphänomens gibt, entlarvt er den Enthusiasmus des Fräuleins und auch den Glauben der Romantiker, in der Natur etwas Höheres erfahren zu können, als Illusion.

3.6 Biedermeier und Vormärz

Die Zeit zwischen dem Wiener Kongress (1815) und der Märzrevolution von 1848 ist durch zwei gegenläufige literarische Tendenzen geprägt: das Biedermeier und den Vormärz. Der Begriff Biedermeier umfasst diejenigen Dichter, die im Gegensatz zu den liberal-revolutionär eingestellten und gegen die restaurative Politik Metternichs opponierenden Schriftstellern des Vormärz in ihren Werken keine politische Botschaft vermittelten, sondern die Bedürfnisse der Menschen nach Schutz und Geborgenheit in politisch unsicheren Zeiten zu befriedigen suchten.

Basiswissen **Lyrik des Biedermeier und des Vormärz**

Kennzeichen des Biedermeier:

- Die Lyrik des Biedermeier greift auf frühere Epochen zurück. Im Vordergrund stehen Balladen im spätromantischen Stil und Schäferidyllen nach dem Vorbild des 18. Jahrhunderts.
- Im Mittelpunkt stehen das Glück in der Familie, der Rückzug ins Private, Heimat und Idylle.

Hauptvertreter: Ludwig Uhland (1787–1862), Friedrich Rückert (1788–1886), Eduard Mörike (1804–1875), Annette von Droste-Hülshoff (1797–1848), Adelbert von Chamisso (1781–1838)

Kennzeichen des Vormärz:

- Die Dichter des Vormärz machen politische, soziale und wirtschaftliche Themen zum Gegenstand ihrer Dichtungen.
- Sie vertreten zumeist demokratische Positionen und schlagen in ihrer Lyrik einen kämpferischen Ton an.

Hauptvertreter: Heinrich Heine (1797–1856), Georg Weerth (1822–1856), August Heinrich Hoffmann von Fallersleben (1798–1874), Georg Herwegh (1817–1875), Adelbert von Chamisso

3.6.1 Biedermeierliche Idyllen

Die Autoren des Biedermeier reagierten auf die herrschende politische Instabilität und die beginnenden Herausforderungen der Industrialisierung mit einer Sehnsucht nach Ruhe, Ordnung und Sicherheit. Sie wandten sich vom Politischen ab und dem Privaten zu. Die Lyrik des Biedermeier ist durch Innerlichkeit und Gefühlsbetontheit charakterisiert. Bevorzugt werden Sujets, die vordergründig eine „heile Welt“ beschreiben. Ludwig Uhlands spätromantische Balladen beschwören das Mittelalter herauf, Friedrich Rückerts Idyllen sind im Stil der Schäferdichtung des 18. Jahrhunderts gehalten.

Die lyrischen Werke Eduard Mörikes und Annette von Droste-Hülshoffs zeigen eine offenere und differenziertere Sicht der Wirklichkeit. So erscheint zum Beispiel in den Balladen Annette von Droste-Hülshoffs die Natur nicht mehr nur als ein Geborgenheit und Ruhe ausstrahlender Schutzraum, sondern zugleich auch als ein Ort des Grauens und des Schreckens.

Friedrich Rückert: Die glückliche Gärtnerhand

Welch ein Gärtner auf Erden kann sich rühmen
Solcher glücklichen Hand wie ich! Ein schönes
Bäumchen streichelt' ich, um den jungen Wildling
Mir zu schmeidigen, täglich mit den Händen.
Unterm Streicheln, o Wunder, sind am glatten,
Schlanken, hölzernen Stämmchen unversehens
Mir zwei Äpfelchen in die Hand gewachsen.

Aspekte der Interpretation

Friedrich Rückert zeichnet in diesem Gedicht ein idealisiertes, von Harmonie und Frieden geprägtes Gartenidyll. Das lyrische Ich geht in der Rolle des sanftmütigen Gärtners auf, es „streichelt" den „jungen Wildling", um ihn zu „schmeidigen". Die Natur dankt ihm seine liebevolle gärtnerische Pflege mit „zwei Äpfelchen", die dem Gärtner „unversehens / […] in die Hand gewachsen" sind. Auffällig sind die zahlreich vorkommenden verniedlichenden Diminutive („Bäumchen", „Stämmchen", „Äpfelchen"), die zu der betulichen lyrischen Gesamtstimmung beitragen.

Dennoch scheint sich hinter der idyllischen Fassade mehr zu verbergen. Die Wörter, die zur Beschreibung des Baumes verwendet werden (schön, jung, schlank, glatt), könnten auch eine Frau beschreiben, die Verben, die die Handlungen des Gärtners beschreiben, haben eine erotische Konnotation (streicheln, schmeidigen [geschmeidig machen], wachsen). Der Gedanke liegt daher nahe, dass der Text eine erotische Fantasie widerspiegelt.

3.6.2 Das biedermeierliche Dinggedicht

Dem biedermeierlichen Rückzug ins Private und der Sehnsucht nach einem einfachen, bescheidenen Leben entsprach es, im Kleinen und Einfachen das Schöne und Anmutige zu sehen. Dem lag der Gedanke zugrunde, dass sich im scheinbar Unauffälligen die natürliche Vollkommenheit der Dinge zeigen könne. Die Dichter des Biedermeier widmeten sich daher scheinbar unspektakulären Themen und Gegenständen, die, zum Kunstobjekt überhöht, ihnen zum Symbol des Schönen schlechthin wurden.

Basiswissen **Dinggedicht**

Dinggedichte zeichnen sich dadurch aus, dass der Gegenstand
- objektiviert erfasst und beschrieben wird,
- plastisch gegenwärtig wird und seine Teile als organisch aufeinander bezogen dargestellt erscheinen,
- trotz seiner Unauffälligkeit Aufmerksamkeit und Bewunderung erregt.

Eduard Mörike gilt als der Begründer des Dinggedichts, das sich in der zweiten Hälfte des 19. Jahrhunderts und später vor allem bei Rainer Maria Rilke großer Beliebtheit erfreute.

Eduard Mörike: Auf eine Lampe (1846)

Noch unverrückt, o schöne Lampe, schmückest du,
An leichten Ketten zierlich aufgehangen hier,
Die Decke des nun fast vergeßnen Lustgemachs.
Auf deiner weißen Marmorschale, deren Rand
Der Epheukranz von goldengrünem Erz umflicht,
Schlingt fröhlich eine Kinderschaar den Ringelreihn.
Wie reizend Alles! lachend, und ein sanfter Geist
Des Ernstes doch ergossen um die ganze Form –
Ein Kunstgebild der ächten Art. Wer achtet sein?
Was aber schön ist, selig scheint es in ihm selbst.

Tipp **Analyse von Dinggedichten**

Beachten Sie bei der Analyse von Dinggedichten, dass das lyrische Ich gewissermaßen hinter sein Sujet zurücktritt, sodass nicht die Stimmungen und subjektiven Wahrnehmungen des lyrischen Ichs im Vordergrund stehen, sondern der Symbolgehalt des beschriebenen Gegenstands.

Aspekte der Interpretation

In Mörikes Dinggedicht „Auf eine Lampe" erscheint eine detailliert beschriebene Schlafzimmerlampe als ein mit Schönheit und Anmut („Wie reizend alles!") erfüllter sowie Fröhlichkeit („lachend") und Ernsthaftigkeit („sanfter Geist / Des Ernstes") zugleich verströmender Gegenstand. Sie „schmückt" die Decke als ein „Kunstgebild der echten Art", dessen Schönheit in sich selbst ruht („Was aber schön ist, selig scheint es in ihm selbst"). Der alltägliche Gegenstand („Wer achtet sein?") wird überhöht und als vollendete Schöpfung dargestellt.

3.6.3 Die Politisierung der Lyrik im Vormärz

Die Zeit zwischen 1815 und 1848 war geprägt von Bestrebungen, die feudale Ordnung, die vor der Französischen Revolution herrschte, wiederherzustellen. Es entstand während dieser Zeit der **Restauration** erstmals eine auch theoretisch begründete politische Dichtung, die liberale Forderungen nach einer demokratischen Verfassung und Kritik an den gesellschaftlichen und politischen Missständen formulierte. Die politischen Gedichte greifen tagespolitische Themen auf und rufen häufig direkt oder indirekt zu einer Veränderung der restaurativen und konservativen politisch-gesellschaftlichen Gegebenheiten, also zu einer neuen **Revolution,** auf.

Zu einer Zuspitzung der angespannten Situation kam es durch die Ermordung des Dichters **August von Kotzebue** im Jahre 1819, die die Obrigkeit zum Anlass nahm, gegen politisch besonders aktive Studenten vorzugehen und strenge Zensurgesetze zu verhängen. Da viele Dichter infolge der Zensurgesetze, die wie Berufsverbote wirkten, polizeilich verfolgt wurden, gingen sie entweder freiwillig, wie zum Beispiel Heinrich Heine, oder gezwungenermaßen, weil sie entweder wie Georg Büchner steckbrieflich gesucht oder wie **August Heinrich Hoffmann von Fallersleben** des Landes verwiesen wurden, ins Exil. Hoffmann von Fallerslebens „Auswanderungslied“ (1846) etwa spielt auf die prekäre Situation derjenigen Schriftsteller an, die von Zensur, Vertreibung und polizeilicher Willkür betroffen waren. Er macht darauf aufmerksam, dass politische Freiheitsrechte zwar besungen werden, aber keine politische Realität haben, woraus er die Konsequenz zieht, das Land zu verlassen, da ein Leben in Unfreiheit kein glückliches sein könne.

Auch **Heinrich Heine** thematisiert in seinen zeitkritischen Werken die politischen und gesellschaftlichen Missstände.

Heinrich Heine: Die schlesischen Weber (1844)

Im düstern Auge keine Träne,
Sie sitzen am Webstuhl und fletschen die Zähne:
Altdeutschland, wir weben dein Leichentuch,
Wir weben hinein den dreifachen Fluch –
Wir weben, wir weben!

Ein Fluch dem Götzen, zu dem wir gebeten,
In Winterskälte und Hungersnöten;
Wir haben vergebens gehofft und geharrt,
Er hat uns geäfft, gefoppt und genarrt –
Wir weben, wir weben!

Ein Fluch dem König, dem König der Reichen,
Den unser Elend nicht konnte erweichen,
Der den letzten Groschen von uns erpreßt
Und uns wie Hunde erschießen läßt –
Wir weben, wir weben!

Ein Fluch dem falschen Vaterlande,
Wo nur gedeihen Schmach und Schande,
Wo jede Blume früh geknickt,
Wo Fäulniß und Moder den Wurm erquickt –
Wir weben, wir weben!

Das Schiffchen fliegt, der Webstuhl kracht,
Wir weben emsig Tag und Nacht –
Altdeutschland, wir weben dein Leichentuch,
Wir weben hinein den dreifachen Fluch,
Wir weben, wir weben!

Tipp **Interpretation politischer Lyrik des Vormärz**

Beziehen Sie bei der Analyse von Gedichten aus der Zeit des Vormärz immer auch realhistorische Hintergründe ein.

Aspekte der Interpretation

Heine spielt in diesem Gedicht auf den Aufstand der schlesischen Weber im Jahre 1844 an, dem der Protest gegen unzumutbare Arbeitsbedingungen und Ausbeutung zugrunde lag. Der Aufstand wurde niedergeschlagen, viele Weber wurden verhaftet und zum Teil zu hohen Strafen verurteilt.

Heines Gedicht ist eine engagierte soziale Anklage. Heine entlarvt den preußischen Schlachtruf „Mit Gott für König und Vaterland“ als leere Parole. Die Weber verfluchen die Begriffe „Gott“, „König“ und „Vaterland“ in den ersten Zeilen der Strophen 2, 3 und 4, da sie die Bedürfnisse und Nöte der sozialen Unterschicht ignorieren. Das Personalpronomen „Wir“ in den beiden ersten Versen zeigt das Leben der Weber als Kollektiv. Sie lehnen sich gegen ein überlebtes politisches System (Restauration) auf, das zur Not gewaltsam beseitigt werden muss. Die Wiederholung des Verses „Wir weben, wir weben!“ verdeutlicht die Entschlossenheit der sozialen Unterschicht, eine Veränderung herbeizuführen, und die Unaufhaltsamkeit der Revolution, die „Altdeutschland“ beseitigen wird.

3.7 Poetischer Realismus und Naturalismus

Die Epoche des poetischen oder bürgerlichen Realismus (ca. 1848–1890) ist wie das Biedermeier und die Vormärzdichtung mit dem Revolutionsjahr 1848 verknüpft. Das Scheitern der Revolution hatte die Hoffnungen des Bürgertums auf einen Nationalstaat und eine demokratische Verfassung erschüttert. Viele Autoren nahmen enttäuscht Abstand von ihren politischen Ideen. Im Unterschied zu den bürgerlichen Realisten wandten sich die Autoren des Naturalismus (ca. 1880–1900) ausdrücklich den sozialen Problemen der Zeit zu, die sie versuchten wirklichkeits- und naturgetreu darzustellen.

Basiswissen **Die Lyrik des Realismus und des Naturalismus**

Kennzeichen des Realismus:

- Die Lyrik des bürgerlichen Realismus nimmt (häufig auch kritischen) Bezug zur zeitgenössischen Wirklichkeit, will jedoch das Allgemeinmenschliche, Wahre, Typische darstellen.
- Die Autoren orientieren sich in formaler Hinsicht an Vorbildern des 18. Jahrhunderts (Klopstock) sowie an der Klassik.

Hauptvertreter: Theodor Fontane (1819–1898), Theodor Storm (1817–1888), Gottfried Keller (1819–1890), Conrad Ferdinand Meyer (1825–1898), Friedrich Hebbel (1813–1863), Emanuel Geibel (1815–1884), Felix Dahn (1834–1912)

Kennzeichen des Naturalismus:

- Die Naturalisten fühlen sich der **Milieutheorie** verpflichtet, wonach die Entwicklung des Individuums von dem sozialen Milieu abhängt, und rücken die gesellschaftlichen Probleme und ihre psychischen Erscheinungen ins Blickfeld.
- Sie brechen mit traditionellen Formen der Lyrik und versuchen eine Beziehung zwischen Sprache und Wirklichkeit herzustellen. Sie bedienen sich des **Sekundenstils,** um das Sprachverhalten realitätsnah abzubilden.

Hauptvertreter: Arno Holz (1863–1929), Gerhart Hauptmann (1862–1946)

3.7.1 Poetischer Realismus

Während im Vormärz die Lyrik eine bevorzugte Form des Ausdrucks von Zeit- und Sozialkritik war, ist der Zeitraum nach der gescheiterten bürgerlichen Revolution 1848 gekennzeichnet von politischer Zurückhaltung. Autoren wie Theodor Fontane forderten zwar nach wie vor auch für die Lyrik „die Widerspiegelung alles wirklichen Lebens“, unverkennbar war indes die Tendenz, die Realität idealistisch zu verklären.

Die Gedichte von Autoren wie Conrad Ferdinand Meyer, Friedrich Hebbel und Theodor Fontane sind dabei durch das Dilemma geprägt, einerseits den gesellschaftlichen und wirtschaftlichen Veränderungen Rechnung tragen zu wollen, andererseits aber auch auf subjektive Gefühlsäußerungen nicht verzichten zu wollen. Die politischen und sozialen Veränderungen vor und nach der Reichsgründung 1871 bereiteten in der Folgezeit den Boden für eine vor allem von Emanuel Geibel und Felix Dahn verfasste Lyrik des nationalen Pathos.

Theodor Fontane: Überlass es der Zeit (1895)

Erscheint dir etwas unerhört,
Bist du tiefsten Herzens empört,
Bäume nicht auf, versuchs nicht mit Streit,
Berühr es nicht, überlass es der Zeit.
Am ersten Tage wirst du feige dich schelten,
Am zweiten lässt du dein Schweigen schon gelten,
Am dritten hast du's überwunden;
Alles ist wichtig nur auf Stunden,
Ärger ist Zehrer und Lebensvergifter,
Zeit ist Balsam und Friedensstifter.

Aspekte der Interpretation

Fontanes Gedicht trägt deutlich resignative Züge. Offensichtlich bewusst nicht näher spezifizierte („etwas") Konflikte erscheinen als bloßer „Ärger" und dieser selbst als „Lebensvergifter", während die eigene Passivität („dein Schweigen") letztlich als „Balsam" angesehen wird, also als eine Art Heilmittel gegen aufwühlende Zeiten. Dem (politischen) Tagesgeschäft wird eine lediglich zeitlich vorübergehende Wichtigkeit zugemessen („Alles ist wichtig nur auf Stunden"). Wichtiger ist die Seelenruhe und der Frieden im Privaten. Dennoch wird diese Beschaulichkeit am Ende ironisch gebrochen. Die sentenzenhafte Schlussaussage („Ärger ist Zehrer und Lebensvergifter / Zeit ist Balsam und Friedensstifter") wird durch die Verse 5–8 milde karikiert.

3

Emanuel Geibel: An Deutschland (Januar 1871, Auszug)

Nun wirf hinweg den Witwenschleier,
Nun gürte dich zur Hochzeitsfeier,
O Deutschland, hohe Siegerin!
Die du mit Klagen und Entsagen
Durch vierundsechzig Jahr' getragen,
Die Zeit der Trauer ist dahin;

Die Zeit der Zwietracht und Beschwerde,
Da du am durchgeborstnen Herde
Im Staube saßest tiefgebückt,
Und kaum dein Lied mit leisem Weinen
Mehr fragte nach den Edelsteinen,
Die einst dein Diadem geschmückt. [...]

Aspekte der Interpretation

Geibel spielt in diesem Gedicht auf die Gründung des Deutschen Reichs als einheitlicher Nationalstaat an, die seit dem 1. Januar 1871 rechtliche Gültigkeit besaß und am 18. Januar 1871 durch die Proklamation Wilhelms I. in Versailles zusätzlich symbolisch vollzogen wurde. Geibel feiert dieses Ereignis in Form patriotischer Invokationen („O Deutschland, hohe Siegerin!") und historischer Anspielungen auf lange zurückliegende Niederlagen Preußens (V. 5) auf pathetische Art und Weise (V. 8–9).

3.7.2 Darstellung menschlichen Elends im Naturalismus

Im Gegensatz zu den Autoren des bürgerlichen Realismus rücken die Naturalisten das Elend und die Armut der unteren gesellschaftlichen Schichten in den Vordergrund. Autoren wie Arno Holz sahen es im Sinne der naturwissenschaftlich orientierten **Milieutheorie** als ihre Aufgabe an, die psychologischen Gesetzmäßigkeiten des menschlichen Lebens darzustellen.

Holz brach mit den traditionellen Formen, indem er auf klassische Reime und die Stropheneinteilung verzichtete, und entwickelte stattdessen einen Sprachrhythmus, der der gesprochenen Sprache nahekommen sollte. In seiner Formel **„Kunst = Natur – X“,** wobei X die künstlerischen Mittel sind und möglichst klein sein soll, will er zum Ausdruck bringen, dass die Kunst der Natur, also der Wirklichkeit, so weit wie möglich anzunähern ist.

Tipp **Analyse naturalistischer Gedichte**

Achten Sie bei der Analyse naturalistischer Gedichte darauf, mit welchen für den Naturalismus typischen Darstellungsmitteln (Dialekt, Alltagssprache, Zitate, Sekundenstil, Darstellungsgenauigkeit) soziale Phänomene des Alltagslebens zur Anschauung gebracht werden.

Arno Holz: Großstadtmorgen (1886)

Die letzten Sterne flimmerten noch matt,
ein Spatz versuchte früh schon seine Kehle,
da schritt ich müde durch die Friedrichstadt,
bespritzt von ihrem Schmutz bis in die Seele.
Kein Quentchen Ekel war in mir erwacht,
wenn mich die Dirnen schamlos angelacht,
kaum daß ich stumpf davon Notiz genommen,
wenn mir ein Trunkner in den Weg gekommen.
Und doch, ich spürte dumpf, mir war nichts recht.
Selbst die Zigarre schmeckte schlecht.

[…]

Die Friedrichstraße. Krumm an seiner Krücke
ein Bettler auf der Weidendammer Brücke:
„Kauft-Wachs-streich-hölzer!
Schwedische-Storm- und Wachs-streich-hölzer…“
Mich … fröstelte!

Der Auszug aus Arno Holz’ Gedicht Großstadtmorgen bringt typische Großstadtprobleme zur Sprache: Prostitution (V. 7), Alkoholismus (V. 9), seelische Abgestumpftheit („Kein Quentchen Ekel war in mir erwacht“). Holz bedient sich zur Verdeutlichung des allgemeinen Elends der Alltagssprache („Selbst die Zigarette schmeckte schlecht“), Zitaten („Kauft-Wachs-streich-hölzer“) sowie des verknappenden Sekundenstils („Mich fröstelte“).

3.8 Impressionismus und Symbolismus

Der Impressionismus (lat. *impressio* „Eindruck") und der Symbolismus (griech. *sýmbolon* „etwas Zusammengefügtes") sind seit der Mitte des 19. Jahrhunderts von Frankreich ausgehende künstlerische Stilrichtungen. Während die Impressionisten die subjektiv-sinnliche Wiedergabe von Sinneseindrücken und Stimmungen in den Vordergrund der Dichtung stellen, sehen die dem Symbolismus verpflichteten Autoren in der Realität Symbole, die zu Zeichen einer allgemeinen Erkenntnis werden.

Basiswissen **Lyrik des Impressionismus und des Symbolismus**

Kennzeichen des Impressionismus: Die Dichter wollen individuelle Eindrücke und flüchtige Augenblicke differenziert zum Ausdruck bringen.
Hauptvertreter: Detlev von Liliencron (1844–1909), Max Dauthendey (1867–1918), Richard Dehmel (1863–1920), Eduard Keyserling (1855–1918), Rainer Maria Rilke (1875–1926)

Kennzeichen des Symbolismus: Die Symbolisten ergründen die Affinität zwischen Dingen und Worten, indem sie in einem künstlerischen Schaffensakt die Wirklichkeit in einzelne Elemente zerlegen und neu zusammensetzen.
Hauptvertreter: Stefan George (1868–1933), Hugo von Hofmannsthal (1874–1929), Rainer Maria Rilke

3

3.8.1 Impressionistische Lyrik

Da der Impressionismus durch den Versuch geprägt ist, sinnliche Reizempfindungen und das Erleben sinnlicher Eindrücke möglichst authentisch und feinfühlig zum Ausdruck zu bringen, spielen in der impressionistischen Lyrik insbesondere auch klangliche Darstellungsmittel wie die Onomatopöie (vgl. S. 27) zur Wiedergabe akustischer Ereignisse, aber auch optischer Phänomene, sowie Synästhesien zur Darstellung von Reizverschmelzungen und Assonanzen (vgl. S. 26) zur klanglichen Verdichtung eine große Rolle.

Richard Dehmel: Helle Nacht (1893)

1 Weich küßt die Zweige
der weiße Mond.
Ein Flüstern wohnt
im Laub, als neige,
als schweige sich der Hain zur Ruh:
Geliebte du –

Der Weiher ruht, und
die Weide schimmert.
Ihr Schatten flimmert
in seiner Flut, und
der Wind weint in den Bäumen:
wir träumen – träumen –

Die Weiten leuchten
Beruhigung.
Die Niederung
hebt bleich den feuchten
Schleier hin zum Himmelssaum:
o hin – o Traum – –

Tipp **Interpretation impressionistischer Lyrik**

Achten Sie bei der Analyse impressionistischer Gedichte immer darauf, auf welche Art und Weise Sinneseindrücke verdichtet und miteinander verwoben werden. Die häufig aneinandergereihten Sinneseindrücke, Stimmungen und Empfindungen sind immer auch eine Beschreibung von Seelenzuständen.

Aspekte der Interpretation

In diesem Gedicht Richard Dehmels, einer freien Übertragung des Gedichts „La lune blanche" des französischen Dichters Paul Verlaine aus dem Jahre 1870, verschränken sich auf einschmeichelnde Art und Weise das Natur-, das Liebes- und das Traummotiv, indem das Bild der Nacht, die Geliebte und der Traum kunstvoll miteinander verwoben werden. Zur Verdeutlichung des intensiven Erlebens dieses Zusammenhanges tragen zahlreichen Personifikationen („Weich küßt / [...] der weiße Mond"; „der Hain schweigt"; „der Wind weint"; „Die Weiten lauschen"), empfindsame Vergleiche („als neige / als schweige") und gedankenverloren wirkende Invokationen („Geliebte du"; „o hin – o Traum") bei. Auf klanglicher Ebene verdichtet sich die Gefühlsintensität des Gedichtes vor allem durch die zahlreichen Assonanzen („weich", „Zweige", „weiße", „neige", „schweige", „Weiher", „Weide", „weint", „Weiten", „bleich", „Schleier"), aber auch durch onomatopoetische Umschreibungen („flimmert").

3.8.2 Symbolistische Lyrik

Die im Symbolismus angestrebte Magie und Musikalität der Sprache wird entfaltet durch die bewusste Verwendung klanglicher Mittel, vor allem Reime, Onomatopöien und Synästhesien (vgl. S. 31), aber auch durch die Verwendung exotisch klingender Wörter, Wortneuschöpfungen (Neologismen) und der gelegentlichen Verwendung des Vers libre. Frei gesetzte Symbole entfalten eine autonome Welt des Schönen. Sie lassen die geheimnisvollen Zusammenhänge hinter den Dingen nur erahnen. Die Symbolisten traten für die sogenannte Poésie pure („reine Dichtung") ein.

Basiswissen **Poésie pure**

Im Unterschied zur gesellschaftlich engagierten Literatur etwa der Naturalisten soll die Poésie pure an keine außerkünstlerischen Zwecke gebunden und dadurch gekennzeichnet sein, dass der Inhalt zugunsten der Form zurücktritt.

Die Dichter versuchten der Sprache die klassische Mitteilungsfunktion zu nehmen und vertraten die Auffassung, dass ihre Dichtung nur demjenigen zugänglich sein sollte, der sich auf die Mysterien der Poesie verstehe.

Als bedeutender Vertreter des Symbolismus in Deutschland gilt Stefan George, der zeitlebens an der Exklusivität einer hermetisch in sich ruhenden, symbolischen Lyrik festhielt und eine ästhetizistische Position des **L'art pour l'art** vertrat, der zufolge die Kunst keinerlei äußeren, also weder bildenden noch politischen oder unterhaltsamen Zwecken zu dienen habe und auch alle äußeren Einflüsse, wie sie von Gesellschaft, Religion oder Politik auf sie eindringen, abweisen müsse. Rainer Maria Rilke und Hugo von Hofmannsthal waren in ihren Jugendwerken von George geprägt, lösten sich jedoch später von ihm.

Biografie **Hugo von Hofmannsthal**

Hugo von Hofmannsthal orientierte sich wie viele Dichter seiner Generation am französischen Symbolismus und Impressionismus, aber auch am Ästhetizismus Stefan Georges. Im Unterschied zu Stefan George vertrat Hofmannsthal die Auffassung, dass Kunst und Leben miteinander verbunden sind.

Hugo von Hofmannsthal bediente sich vielfach selten verwendeter Strophenformen wie Terzine, die Ghasel und die Stanze, um im Sinne des Symbolismus Leben und Kunst miteinander zu verbinden.

Hugo von Hofmannsthal: Ghaselen (1891)

In der ärmsten kleinen Geige liegt die Harmonie des Alls verborgen,
Liegt ekstatisch tiefstes Stöhnen, Jauchzen süßen Schalls verborgen;
In dem Stein am Wege liegt der Funke, der die Welt entzündet,
Liegt die Wucht des fürchterlichen, blitzesgleichen Pralls verborgen.
In dem Wort, dem abgegriffnen, liegt was mancher sinnend suchet:
Eine Wahrheit, mit der Klarheit leuchtenden Kristalls verborgen …
Lockt die Töne, sucht die Wahrheit, werft den Stein mit Riesenkräften!
Unsern Blicken ist Vollkommnes seit dem Tag des Sündenfalls verborgen.

Basiswissen **Ghasel**

Das Ghasel (persisch von *ghazal* „Gazelle“) besteht aus einer Folge zweizeiliger Strophen mit wiederkehrendem Reim nach dem folgenden Schema:
aa / ba / ca / da / ea / fa

Aspekte der Interpretation

In Hofmannsthals „Ghaselen“ zeigt sich eine tief verwurzelte Sprachskepsis („dem Wort, dem abgegriffnen“), gleichzeitig aber auch eine Sprachhoffnung („In dem Wort […] / […] sticht die Wahrheit“). Hofmannsthal zufolge ist die Wahrheit („seit dem Tag des Sündenfalls“) jedoch nicht mehr offenkundig, sondern hinter den Dingen („Geige“, „Stein“) verborgen. Die Wahrheit kann weder in den Dingen noch in den Worten unmittelbar gefunden werden, sondern sie ist „verborgen“, sodass es einer Entschlüsselung des symbolischen Gehaltes der Dinge und Worte bedarf, um die „Harmonie des Alls“ und „Vollkommnes“ der Erkenntnis zugänglich zu machen.

3.9 Expressionismus

Die Schriftsteller des Expressionismus (ca. 1910–1925) gehörten einer Generation an, deren Leben durch die zunehmende Industrialisierung (und damit einhergehend die Erfahrung der beginnenden Naturzerstörung), die Verstädterung und den Ersten Weltkrieg geprägt war. Im Mittelpunkt des expressionistischen Dichtungsverständnisses steht der Versuch, dem inneren Erleben der modernen Welt einen zeitgemäßen sprachlichen Ausdruck (lat. *expressio*) zu verleihen.

Basiswissen **Lyrik des Expressionismus**

Themen:
- Die Expressionisten reagieren teils euphorisch, überwiegend aber mit Weltuntergangsvisionen auf die sich verändernden Lebensbedingungen.
- Die Beschleunigung der Zeit und die zunehmende Mechanisierung des Lebens werden vor allem in Gedichten über das Tempo der Großstadt gestaltet.
- Der Erste Weltkrieg wird anfangs in kriegsbejahenden Gedichten begrüßt, das katastrophale Erlebnis der Kriegsrealität später jedoch in Gedichten über Tod, Verfall und Weltuntergang verarbeitet.
- Naturgedichte gestalten häufig das Absterben, Vergehen und den Verfall.
- Die radikale Ablehnung alles Traditionellen und Bürgerlichen führt zu einem Interesse an der Darstellung des Abstoßenden, Ekelerregenden.

Sprache:
- Die Sprache wirkt häufig abgehackt, übersteigert und ekstatisch.
- Im Verzicht auf den Reim und durch die Missachtung der Grammatik drückt sich der Verlust von Wohllaut, Harmonie und Regelhaftigkeit aus.

Hauptvertreter: August Stramm (1874–1915), Jakob van Hoddis (1887–1942), Georg Trakl (1887–1914), Paul Boldt (1885–1921), Georg Heym (1887–1912)

Als ein Meilenstein expressionistischer Lyrik gilt die 1920 von Kurt Pinthus herausgegebene Anthologie „Menschheitsdämmerung“. Die Kapitelüberschriften spiegeln das Lebensgefühl der Expressionisten wider: „Sturz und Schrei“, „Erweckung des Herzens“, „Aufruf und Empörung“ und „Liebe den Menschen“.

3.9.1 Großstadtlyrik

Die expressionistischen Dichter versuchten, das innere Erleben des Lebens in der Großstadt in Worte zu fassen. Die Hektik, der Lärm und die Reizüberflutung finden ihren sprachlichen Ausdruck in der Aneinanderreihung optischer und akustischer Eindrücke. Interjektionen und Ausrufe – als Versatzstücke der Wirklichkeit – dienen der Übersteigerung des Ausdrucks. Schmutz und Elend werden in abstoßenden und schockierenden Bildern geschildert. Der Einzelne verschwindet in der Anonymität der Masse. In einigen Gedichten erscheint die Großstadt personifiziert als dunkler Moloch, der alles verschlingt (Georg Heym, „Der Gott der Stadt“). Der Lebensraum Stadt erscheint als ein Ort der Zerstörung und des Überlebenskampfes. Die Sprache weist häufig Neologismen auf, um die neuen Sinngehalte ausdrücken zu können.

Paul Boldt: Auf der Terrasse des Café Josty (1912)

Der Potsdamer Platz in ewigem Gebrüll
Vergletschert alle hallenden Lawinen
Der Straßentakte: Trams auf Eisenschienen,
Automobile und den Menschenmüll.

Die Menschen rinnen über den Asphalt,
Ameisenemsig, wie Eidechsen flink.
Stirne und Hände, von Gedanken blink,
schwimmen wie Sonnenlicht durch dunklen Wald.

Nachtregen hüllt den Platz in eine Höhle,
Wo Fledermäuse, weiß, mit Flügeln schlagen
Und lila Quallen liegen – bunte Öle;

Die mehren sich, zerschnitten von den Wagen. –
Aufspritzt Berlin, des Tages glitzernd Nest,
Vom Rauch der Nacht wie Eiter einer Pest.

Tipp **Analyse expressionistischer Großstadtlyrik**

1. Achten Sie bei der Analyse darauf, dass die sprachlichen Bilder immer auch als Ausdruck des inneren Erlebens des lyrischen Ichs zu deuten sind.
2. Legen Sie die Ursachen für die sprachlichen Überzeichnungen und teilweise verzerrend wirkenden Bilder dar.

Aspekte der Interpretation

Paul Boldt verwendet in seinem Gedicht die klassische Form des Sonetts. Der Sprecher beschreibt in den ersten beiden Quartetten (Reimschema abba / cddc) seine Wahrnehmung des Potsdamer Platzes und der Menschen, die über ihn eilen, während er selbst auf der Terrasse des Café Josty – ein Café mit Aussicht auf den verkehrsreichen Potsdamer Platz – eine Beobachterperspektive einnimmt.

Das geschäftige Treiben der Menschen wirkt wie „vergletschert“ (V. 2) und damit wie in einer Momentaufnahme eingefroren. Die erste Strophe hält den akustischen Eindruck der lärmenden Straßenbahnen und Automobile fest. Die Menschen erscheinen als eine identitätslose Masse, die „ameisenemsig“ und „wie Eidechsen flink“ (V. 6) ihren unwirklich wirkenden Tagesgeschäften nachgeht. Auffällig ist die schockierende Metapher „Menschenmüll“, die sich auf das „Gebrüll“ der Trams und Autos reimt: Menschen werden nicht mehr als Individuen wahrgenommen (nur Stirne und Hände), sondern sind ununterscheidbar in der Masse und gehen in dem Schmutz und Lärm der Großstadt unter. Die Terzette zeigen eine Nachtimpression. Dem lyrischen Ich erscheinen Ölpfützen als abscheuerregende „lila Quallen“ (V. 11). Im zweiten Terzett werden die ekelerregenden Bilder verstärkt: Die Stadt Berlin wird mit einer aufplatzenden eitrigen Wunde einer tödlichen Krankheit verglichen. Was die glitzernde Stadt bei Tag verbergen kann, offenbart die Nacht: Krankheit und Elend kommen hinter ihren trügerisch glänzenden Fassaden hervor.

3.9.2 Naturlyrik

In der expressionistischen Naturlyrik zeigt sich die zunehmende Entfremdung des Menschen von der Natur. Die Dichter erleben die Natur als etwas Bedrohliches und Unheimliches. Sie zeichnen keine realen Landschaften, sondern verbinden die Naturwahrnehmung mit Elementen der Zivilisationskritik (vor allem die Gefährdung durch die Industrialisierung und Mechanisierung des Lebens) oder beschreiben die Natur symbolisch als Ort des Absterbens und des Todes.

Tipp **Analyse expressionistischer Naturgedichte**

1. Achten Sie auf den Zusammenhang von Naturbeschreibung und Zivilisationskritik.
2. Prüfen Sie stets die Farbsymbolik auf ihre inhaltliche Relevanz.

3

Georg Trakl: Im Winter (1914?)

1 Der Acker leuchtet weiß und kalt.
Der Himmel ist einsam und ungeheuer.
Dohlen kreisen über dem Weiher
Und Jäger steigen nieder vom Wald.

Ein Schweigen in schwarzen Wipfeln wohnt.
Ein Feuerschein huscht aus den Hütten.
Bisweilen schellt sehr fern ein Schlitten
Und langsam steigt der graue Mond.

Ein Wild verblutet sanft am Rain
Und Raben plätschern in blutigen Gossen.
Das Rohr bebt gelb und aufgeschossen.
Frost, Rauch, ein Schritt im leeren Hain.

Aspekte der Interpretation

Georg Trakls Gedicht „Im Winter“ besteht aus drei je vierzeiligen Strophen, deren formale Geschlossenheit durch die Verwendung des Paarreims (abba / cddc / effe) sowie den parataktischen Satzbau und den Zeilenstil unterstrichen wird. Trakl verknüpft in allen drei Strophen durchgängig im Reihungsstil den Bildbereich der Natur mit dem Bildbereich der Zivilisation: In den ersten beiden Strophen werden Naturimpressionen (Acker, Himmel, Dohlen) mit Zivilisationsmotiven (Jäger, Hütten, Schlitten, Rohr) verbunden. Natur und Zivilisation befinden sich jedoch nicht in Übereinstimmung, sondern der Mensch dringt gewaltsam in die Natur ein und verändert sie (durch die Jagd auf das Wild). Die Winterlandschaft wird dadurch zu einer Schreckens- und Todeslandschaft, was anhand zahlreicher Personifikationen („Der Himmel ist […] ungeheuer“, V. 2; „Ein Schweigen […] wohnt“, V. 5), der Farbsymbolik („in schwarzen Wipfeln“, V. 5; „der graue Mond“, V. 8), der Adjektivsemantik (kalt, einsam, ungeheuer, fern, leer) sowie der Todessymbolik (Dohlen) deutlich wird.

Die Todesthematik erreicht ihren Höhepunkt in der dritten Strophe. Distanziert und emotionslos wird vom Sterben eines Tieres berichtet („Ein Wild verblutet“), gleichzeitig wird jedoch die Widerwärtigkeit dieses Sterbens auf onomatopoetische („plätschern“) und synästhetische („bebt gelb“) Art und Weise dargestellt. Das Gedicht endet im letzten Vers mit einer Ellipse („Frost, Rauch, ein Schritt im leeren Hain“): Der zerstörte Satzbau entspricht dem gezeichneten Bild der Zerstörung der Natur.

3.9.3 Kriegslyrik

Die Dichter des Expressionismus reagierten unterschiedlich auf den Ersten Weltkrieg. Viele, wie zum Beispiel Ernst Stadler oder Georg Heym, begrüßten euphorisch den Ausbruch des Krieges. Sie überhöhten ihn als Möglichkeit, einen revolutionären Umsturz der Gesellschaft zu bewirken, die sie als konservativ, autoritätsgläubig, verstaubt und starr empfanden. Nach den katastrophalen Erlebnissen an der Front, dem millionenfachen Abschlachten der Soldaten, bei dem auch viele Schriftsteller ums Leben kamen, änderten viele Dichter, wie zum Beispiel August Stramm, jedoch ihre Haltung und beschrieben die Unmenschlichkeit des Krieges.

Ernst Stadler: Der Aufbruch (1914)

Einmal schon haben Fanfaren mein ungeduldiges Herz blutig gerissen,
Dass es, aufsteigend wie ein Pferd, sich wütend ins Gezäum verbissen.
Damals schlug Tamburmarsch den Sturm auf allen Wegen,
Und herrlichste Musik der Erde hieß uns Kugelregen.
Dann, plötzlich, stand Leben stille. Wege führten zwischen alten Bäumen.
Gemächer lockten. Es war süß, zu weilen und sich versäumen,
Von Wirklichkeit den Leib so wie von staubiger Rüstung zu entketten,
Wollüstig sich in Daunen weicher Traumstunden einzubetten.
Aber eines Morgens rollte durch Nebelluft das Echo von Signalen,
Hart, scharf, wie Schwerthieb pfeifend. Es war wie wenn im Dunkel plötzlich Lichter aufstrahlen.
Es war wie wenn durch Biwakfrühe Trompetenstöße klirren,
Die Schlafenden aufspringen und die Zelte abschlagen und die Pferde schirren.
Ich war in Reihen eingeschient, die in den Morgen stießen, Feuer über Helm und Bügel,
Vorwärts, in Blick und Blut die Schlacht, mit vorgehaltnem Zügel.
Vielleicht würden uns am Abend Siegesmärsche umstreichen,
Vielleicht lägen wir irgendwo ausgestreckt unter Leichen.
Aber vor dem Erraffen und vor dem Versinken
Würden unsre Augen sich an Welt und Sonne satt und glühend trinken.

Aspekte der Interpretation

Ernst Stadlers Gedicht „Der Aufbruch“ besteht aus einer 18-zeiligen Versgruppe, die durchgängig durch einen Paarreim gegliedert ist. Das lyrische Ich beschreibt in der Vergangenheitsform die Mobilmachung der Soldaten, ihre Kriegseuphorie, die von der Hoffnung getragen wird, dass der Krieg in eine neue, bessere Zukunft führen wird (Dunkel – Lichter, V. 10). Die Begeisterung wird in positiv besetzten Begriffen eingefangen, die jedoch für negative Vorgänge, wie etwa das Töten, stehen („herrlichste Musik“ – „Kugelregen“, V. 4). Gleichwohl hat das lyrische Ich widersprüchliche Gefühle; sie schwanken zwischen Siegeshoffnung und Todesangst („Vielleicht … Siegesmärsche … / Vielleicht … unter Leichen.“, V. 15–16).

Dazwischen scheint es aber noch eine andere Erfahrung zu geben (V. 5–8): Sie ist geprägt von Stille, Ruhe, Wollust – ein erotischer Traum in der Nacht zwischen den Kampfeinsätzen. Doch das lyrische Ich kann hierbei nicht verweilen. Am Morgen rufen die Trompetensignale wieder in die Realität, zum Kampf zurück, der in starkem Kontrast zu dem Erlebnis der Nacht steht (weich, still, süß – hart, laut, scharf).

Die Ambivalenz der Emotionen wird in den abschließenden Versen durch die adversativ (entgegenstellend) gebrauchte Konjunktion „aber" verdrängt. An die Stelle der Hoffnungen und Befürchtungen tritt eine im Konjunktiv formulierte Prophezeiung: „Aber vor dem Erraffen und vor dem Versinken / Würden unsre Augen sich an Welt und Sonne satt und glühend trinken." Der Krieg wird abschließend als erfüllende Erfahrung dargestellt, in die sich das lyrische Ich und seine Kameraden hineinstürzen.

Biografie **Ernst Stadler und August Stramm**

Viele expressionistische Dichter erlebten den Ersten Weltkrieg selbst an der Front. Der aus dem Elsass stammende Ernst Stadler wurde schon zu Kriegsbeginn eingezogen und fiel 1914 in Belgien. Seine Gedichtsammlung „Der Aufbruch" (1914) machte ihn zu einer Leitfigur des literarischen Expressionismus. August Stramm diente als Offizier und fiel 1915 an der Ostfront. (Die Abbildung zeigt August Stramm.)

August Stramm: Patrouille (1914?)

Die Steine feinden
Fenster grinst Verrat
Äste würgen
Berge Sträucher blättern raschlig
Gellen
Tod.

Tipp **Analyse expressionistischer Sprache**

1. Erklären Sie Neologismen und ungewöhnliche syntaktische Fügungen.
2. Versuchen Sie, die intendierte Wirkung von Personifikationen zu erfassen.

Aspekte der Interpretation

Stramm beschreibt in dem aus nur vierzehn Wörtern bestehenden Gedicht die Wahrnehmungen eines Soldaten während eines Patrouillengangs. Sowohl die Natur als auch die von Menschenhand geschaffene Umwelt (Fenster) werden personifiziert und wirken durch ihre Aktionen zutiefst bedrohlich. Der Neologismus „blättern raschlig" bringt zum Ausdruck, dass es eine einzigartige und existenzielle Erfahrung ist. Stramm bringt die gesichts- und namenlose Bedrohung des Einzelnen ins Bild, in einem Krieg, bei dem nicht mehr Mann gegen Mann kämpft, sondern der Einzelne einer Vernichtungsmaschinerie ausgeliefert ist. Der Tod lauert überall.

3.10 Dadaismus

Nach dem Ausbruch des Ersten Weltkriegs suchten viele Künstler aus den Krieg führenden Ländern Zuflucht in der Schweiz, wo zu Beginn des Jahres 1916 Hugo Ball zusammen mit Emmy Hennings in Zürich das „Cabaret Voltaire“ gründete. Hier fand sich eine große Zahl der im Schweizer Exil lebenden Dichter, Maler, Schauspieler, Sänger und Artisten unterschiedlicher Nationalitäten zusammen. Vielen Künstlern des Dadaismus (ca. 1916–1923) diente das Cabaret Voltaire als Vortragsort.

Basiswissen **Lyrik des Dadaismus**

Themen:
- Über alle nationalen und künstlerischen Verschiedenheiten hinweg verband die Dadaisten eine radikale Abneigung gegenüber traditionellen Vorstellungen von Kunst und Literatur.
- Der Dadaismus versteht sich als Antwort auf die heroischen Kriegsparolen und die als hohl empfundenen bürgerlichen Werte. Die dadaistische Antikunst reiht zufällig Worte zu bedeutungslosen Verbindungen aneinander, die nur optisch oder klanglich wirken sollen.
- Die Dadaisten proklamierten die Sinnlosigkeit der Kunst, weswegen sie bewusst die Nähe zur Unsinnsdichtung und kindlichen Albernheit suchten.

Hauptvertreter: Hans Arp (1887–1966), Hugo Ball (1886–1927), Raoul Hausmann (1886–1971), Richard Huelsenbeck (1892–1974), Kurt Schwitters (1887–1948), Tristan Tzara (1896–1963), Emmy Hennings (1885–1948)

3.10.1 Lautgedichte

Mit ihrer Lautpoesie verfolgten die Dadaisten das Ziel der künstlerischen Darstellung der Simultaneität, d. h. der gleichzeitigen Wiedergabe innerer und äußerer Wahrnehmungen, ohne diese kausal miteinander verknüpfen zu wollen. Stattdessen sollte, wie es im „Dadaistischen Manifest“ (1918) heißt, sich das „Gewirr von Geräuschen, Farben und geistigen Rhythmen“ der modernen Lebenswelt in den Texten und Auftritten der Dadaisten widerspiegeln.

Basiswissen **Formen dadaistischer Lautgedichte**

Die Dadaisten arrangierten und inszenierten ihre Texte auf vielfältige Art und Weise. Sie schufen:
- **Simultangedichte:** Kompositionen aus verschiedenen Texten, die von mehreren Sprechern gleichzeitig vorgetragen und so miteinander verwoben werden.
- **Wort-Klang-Collagen:** Kompositionen aus Sprachlauten und Umweltgeräuschen.
- **Poèmes gymnastiques:** Integration von Körpersprache und -bewegung in den Gedichtvortrag.

Hugo Ball: Karawane (1916)

KARAWANE
jolifanto bambla ô falli bambla
grossiga m'pfa habla horem
égiga goramen
higo bloiko russula huju
hollaka hollala
anlogo bung
blago bung
blago bung
bosso fataka
ü üü ü
schampa wulla wussa ólobo
hej tatta gôrem
eschige zunbada
wulubu ssubudu uluw ssubudu
tumba ba- umf
kusagauma
ba - umf

Tipp **Analyse von Lautgedichten**

Konzentrieren Sie sich bei der Analyse dadaistischer Lautgedichte auf die Klangeigenschaften des Wort- und Lautmaterials sowie auf den mitunter durch den Titel vorgegebenen Assoziationsrahmen.

Aspekte der Interpretation

Hugo Balls einstrophiges Lautgedicht „Karawane“ besteht aus 17 Verszeilen. Es besteht ausnahmslos aus lautmalerisch anmutenden Fantasiewörtern, einzig der Titel des Gedichtes gibt zunächst einen Hinweis darauf, welcher konkrete Bedeutungs- und Assoziationsrahmen für das Verständnis des Textes zugrunde gelegt werden könnte. Die Verbindung zwischen dem Titel des Gedichts und Ausdrücken wie „jolifanto“, „grossiga“ und „russula“, die als Verfremdungen der Wörter „Elefant“, „groß“ und „Rüssel“ aufgefasst werden können, lässt die Assoziation zu, dass Hugo Ball in diesem Gedicht eine vorüberziehende Elefantenkarawane beschreibt.

Der schwerfällige und monotone Gang der Elefanten wird dabei durch dunkelvokalige Ausdrücke wie „anlogo bung“ und das gleich zweimal wiederholte „blago bung“ abgebildet, die beim lauten Lesen zu einer lang gezogenen Aussprache mit gesenkter Stimme einladen. Die Ausdrücke „hollaka hollala“ und „hej tatta gôrem“ hingegen erinnern möglicherweise an die Rufe der Tiertreiber, zudem legt die typografische Gestaltung (d. h. die Verwendung verschiedener Schrifttypen) den Gedanken nahe, dass hier mehrere Stimmen in verschiedenen Tonlagen und unterschiedlicher Lautstärke mit- und gegeneinander sprechen.

3.10.2 Unsinnsgedichte

Kurt Schwitters' Gedicht „An Anna Blume" verbindet auf parodistische Weise Elemente der Liebeslyrik mit Elementen der Nonsenspoesie, wodurch das lyrische Sprechen selbst ad absurdum geführt wird.

Oh Du, Geliebte meiner 27 Sinne, ich liebe Dir!
Du, Deiner, Dich Dir, ich Dir, Du mir, – – – – wir?
Das gehört beiläufig nicht hierher!

Wer bist Du, ungezähltes Frauenzimmer, Du bist, bist Du?
Die Leute sagen, Du wärest.
Laß sie sagen, sie wissen nicht, wie der Kirchturm steht.

Du trägst den Hut auf Deinen Füßen und wanderst auf die Hände,
Auf den Händen wanderst Du.

Halloh, Deine roten Kleider, in weiße Falten zersägt,
Rot liebe ich Anna Blume, rot liebe ich Dir.
Du, Deiner, Dich Dir, ich Dir, Du mir, – – – – – wir?
Das gehört beiläufig in die kalte Glut!
Anna Blume, rote Anna Blume, wie sagen die Leute?

Preisfrage:

1.) Anna Blume hat ein Vogel,
2.) Anna Blume ist rot.
3.) Welche Farbe hat der Vogel.

Blau ist die Farbe Deines gelben Haares,
Rot ist die Farbe Deines grünen Vogels.
Du schlichtes Mädchen im Alltagskleid,
Du liebes grünes Tier, ich liebe Dir!
Du Deiner Dich Dir, ich Dir, Du mir, – – – – wir!
Das gehört beiläufig in die – – – Glutenkiste.

Anna Blume, Anna, A – – – – N – – – – N – – – – A!
Ich träufle Deinen Namen.
Dein Name tropft wie weiches Rindertalg.
Weißt Du es Anna, weißt Du es schon,
Man kann Dich auch von hinten lesen.
Und Du, Du Herrlichste von allen,
Du bist von hinten, wie von vorne:
A – – – – – – N – – – – – – N – – – – – – A.
Rindertalg träufelt STREICHELN über meinen Rücken.
Anna Blume,
du tropfes Tier,
Ich – – – – – – – liebe – – – – – – – Dir!

Aspekte der Interpretation

Schwitters parodiert in diesem Gedicht Motive der traditionellen Liebeslyrik, indem er sie in Form einer Collage – bestehend aus grammatikalisch falschen Formulierungen aus der Umgangssprache („Ich liebe dir"), paradoxen Kombinationen von Farbwörtern („Blau ist die Farbe Deines gelben Haares"), Oxymora („kalte Glut"), der Vermischung unterschiedlicher Sinneswahrnehmungen sowie offenkundig sinnwidriger logischer Verknüpfungen („Preisfrage: 1.) [...]") – auf virtuose Art und Weise ironisiert.

3.11
Lyrik im Nationalsozialismus und im Exil

Nach der nationalsozialistischen Machtergreifung konnte in Deutschland nur noch Literatur veröffentlicht werden, die als politisch unbedenklich galt und von Autoren nichtjüdischer Herkunft stammte. Die meisten Autoren von Rang gingen während des Nationalsozialismus ins Exil oder zogen sich in die „innere Emigration“ zurück.

Basiswissen **Lyrik im Nationalsozialismus und im Exil**

Kennzeichen nationalsozialistischer Lyrik: Die nationalsozialistische Lyrik steht in einem erklärten Gegensatz zur avantgardistischen Lyrik, diente der Propaganda und war der Blut-und-Boden-Ideologie verpflichtet.

Kennzeichen der Exillyrik: Die Lyrik der Emigranten ist durch die schmerzliche Erfahrung des Exils, vor allem die kulturelle Isolation, gekennzeichnet.
Autoren im Exil: Franz Werfel (1890–1945), Bertolt Brecht (1898–1956), Rudolph Borchardt (1877–1945), Anna Seghers (1900–1983)

Kennzeichen der inneren Emigration: Die Autoren berufen sich auf humane Grundwerte und verhüllen Kritik häufig etwa in historische Themen.
Autoren der inneren Emigration: Erich Kästner (1899–1974), Gottfried Benn (1886–1956), Werner Bergengruen (1892–1964), Ernst Wiechert (1887–1950)

3.11.1
Nationalsozialistische Propagandadichtung

Die nationalsozialistische Dichtung ist durch Schwulst und Pathos geprägt. Die von der Literaturpolitik geförderten Autoren schufen Gemeinschaftslieder (Feier- und Bekenntnislieder) sowie Marsch- und Kampfgesänge, die den Nationalsozialismus und seine Ideologie verherrlichten. Josef Weinheber (1892–1945) und Herbert Böhme (1907–1971) traten der NSDAP bei und übernahmen kulturpolitische Ämter.

Herbert Böhme: Der Führer

Eine Trommel geht in Deutschland um
und der sie schlägt, der führt
und die ihm folgen, folgen stumm
Sie sind von ihm gekürt

Sie schwören ihm den Fahnenschwur
Gefolgschaft und Gericht
Er wirbelt an des Schicksals Spur
mit ehernem Gesicht

Er schreitet hart der Sonne zu
mit angespannter Kraft
seine Trommel, Deutschland, das bist Du
Volk, werde Leidenschaft.

Aspekte der Interpretation

In dieser „Führer"-Apotheose (Verherrlichung) offenbart sich dem Leser ein von Pathos („Volk, werde Leidenschaft") getragenes und kultisch überhöhtes („Gefolgschaft und Gericht"; „Schicksalsspur") Bekenntnis des nationalsozialistischen Dichters zu der Person Adolf Hitlers und zu der von ihm propagierten Ideologie der Volksgemeinschaft. Hitler wird dabei identifiziert als derjenige, der die „Trommel [...] schlägt" – eine Metapher, die in der ersten Strophe auf die nationalsozialistische Bewegung anspielt, die aber zugleich in der letzten Strophe auf unzulässige Art und Weise generalisiert („seine Trommel, Deutschland, das bist du") wird. Während der Trommler unerbittlich den Takt angibt („und der sie schlägt, der führt"), folgen ihm seine Anhänger bedingungslos gehorsam („und die ihm folgen, folgen stumm") im falschen Bewusstsein, auserwählt („Sie sind von ihm gekürt") zu sein.

3.11.2 Exillyrik

Nach ihrer Flucht aus Deutschland ließen sich die meisten Autoren zunächst im nahe gelegenen Ausland nieder, später flohen viele nach Übersee, überwiegend in die USA und nach Südamerika. Die meisten Exilautoren verfolgten besorgt die Entwicklungen in Deutschland und kommentierten diese in ihren Gedichten. Gleichzeitig thematisieren die Werke oft die zugleich schwierigen Lebensverhältnisse der Exilanten, deren Leben nicht nur durch einen Verlust ihres kulturellen Umfeldes geprägt war, sondern vielfach auch durch ökonomische Sorgen.

Biografie **Bertolt Brecht**

Bereits nach dem Reichstagsbrand 1933 verließ Brecht Deutschland. Seine Werke waren seitdem in Deutschland verboten. Im April 1939 floh er in die USA. Mit zahlreichen Aktivitäten versuchte Brecht im Exil am Zustandekommen einer antifaschistischen Einheitsfront mitzuwirken. 1949 kehrte er nach Deutschland zurück und ließ sich in Ostberlin nieder.

Bertolt Brecht: Die Rückkehr (1944)

Die Vaterstadt, wie find ich sie doch?
Folgend den Bomberschwärmen
Komm ich nach Haus.
Wo denn liegt sie? Wo die ungeheueren
Gebirge von Rauch stehn.
Das in den Feuern dort
Ist sie.

Die Vaterstadt, wie empfängt sie mich wohl?
Vor mir kommen die Bomber. Tödliche Schwärme
Melden euch meine Rückkehr. Feuersbrünste
Gehen dem Sohn voraus.

Das Gedicht zeigt die ambivalenten Gefühle Brechts kurz vor Kriegsende. Die Niederlage Deutschlands und damit das Endes des Exils war bereits absehbar. In die Hoffnung auf eine baldige Rückkehr nach Deutschland mischen sich jedoch Befürchtungen, die vor allem in den die jede Strophe einleitenden rhetorischen Fragen und in den sich hieran anschließenden Reflexionen zum Ausdruck kommen.

3.11.3 Lyrik der inneren Emigration

Der Begriff der „inneren Emigration" bezeichnet diejenigen Autoren, die Deutschland nicht verließen, obwohl sie in politischer Opposition zum Nationalsozialismus standen und sich von dem Regime distanzierten, ohne jedoch in den offenen Widerstand zu gehen. Autoren wie Gottfried Benn gaben in ihren lyrischen Texten ihrem Gefühl des geistigen Ausgestoßenseins einen dichterischen Ausdruck.

3

Gottfried Benn: Einsamer nie – (1936)

Einsamer nie als im August:
Erfüllungsstunde –, im Gelände
die roten und die goldenen Brände,
doch wo ist deiner Gärten Lust?

Die Seen hell, die Himmel weich,
die Äcker rein und glänzen leise,
doch wo sind Sieg und Siegsbeweise
aus dem von dir vertretenen Reich?

Wo alles sich durch Glück beweist
und tauscht den Blick und tauscht die Ringe
im Weingeruch, im Rausch der Dinge, –:
dienst du dem Gegenglück, dem Geist.

Aspekte der Interpretation

Das lyrische Ich umkreist in Form einer Selbstverständigung seine Lebenssituation als einsames geistiges Wesen inmitten einer ihm fremd werdenden Natur (V. 4) und Kultur (vgl. V. 7/8). Zunächst scheint die Landschaft dem lyrischen Ich einen Augenblick der Erfüllung zu geben. Dem wird im vierten Vers in Form einer rhetorischen Frage jedoch widersprochen, was zur melancholischen Grundstimmung führt, die bereits im ersten Vers zum Ausdruck kommt. In der dritten Strophe folgt ein weiterer Kontrast: Den einsamen geistigen Empfindungen des lyrischen Ichs steht die Gesellschaft entgegen, die das lyrische Ich ausgrenzt. Das lyrische Ich sieht sich demzufolge von den wesentlichen Bereichen des menschlichen Lebens ausgeschlossen.

Biografie **Gottfried Benn**

Benn arbeitete in den beiden Weltkriegen als Militärarzt. Seinen Durchbruch hatte er 1912 mit der expressionistischen Gedichtsammlung „Morgue". Dem Nationalsozialismus stand er zunächst positiv gegenüber, ab 1934 distanzierte er sich jedoch zunehmend. 1938 erhielt er Schreibverbot.

3.12
Lyrik der unmittelbaren Nachkriegszeit

Die Literatur der unmittelbaren Nachkriegszeit (ca. 1945–1965) ist geprägt durch die Erfahrung des Krieges, die äußere und innere Not der vom nationalsozialistischen Regime aus rassistischen oder politischen Gründen verfolgten Autoren sowie durch die Erlebnisse der Kriegsheimkehrer.

Basiswissen **Lyrik der Nachkriegszeit**

Themen und Formen:

- Viele der Autoren, die zu den Verfolgten des nationalsozialistischen Regimes gehörten, versuchten ihren Erfahrungen einen dichterischen Ausdruck zu verleihen. Sie bedienten sich dabei oftmals bedrückender und schwer zugänglicher sprachlicher Bilder.
- Dagmar Nick und Hans Magnus Enzensberger machten sich mit ihren Gedichten zu persönlichen und politischen Fürsprechern vieler dieser Autoren.
- Autoren wie Günter Eich berichteten von ihren Kriegserlebnissen und bedienten sich bewusst einer einfachen und klaren Sprache.

Hauptvertreter: Paul Celan (1920–1970), Rose Ausländer (1901–1988), Nelly Sachs (1891–1970), Günter Eich (1907–1972), Dagmar Nick (*1926), Hans Magnus Enzensberger (*1929).

3.12.1
Lyrik der Kriegsheimkehrer

Das Erlebnis zerbombter Städte, die Erfahrung von Krieg und Kriegsgefangenschaft, der Verlust der eigenen und kollektiven Identität führten zur Herausbildung der sogenannten **„Trümmerlyrik“**. Autoren wie Günter Eich brachen mit der herkömmlichen lyrischen Sprache, die ihnen nicht mehr geeignet schien, das Erlebnis des Krieges oder die Heimkehr in ein fremd gewordenes und zerstörtes Land angemessen auszudrücken **(„Kahlschlag“)**, und bemühten sich um einen Neuanfang in der deutschen Lyrik **(„Stunde Null“)**. Die Trümmerlyrik versucht, aus den Trümmern, die die Nationalsozialistische Herrschaft hinterlassen hatte, eine neue Lyrik zu begründen

Günter Eich: Latrine (1945)

Über stinkendem Graben,
Papier voll Blut und Urin,
umschwirrt von funkelnden Fliegen,
hocke ich in den Knien,

den Blick auf bewaldete Ufer,
Gärten, gestrandetes Boot.
In den Schlamm der Verwesung
klatscht der versteinte Kot.

Irr mir im Ohre schallen
Verse von Hölderlin.
In schneeiger Reinheit spiegeln
Wolken sich im Urin.

„Geh aber nun und grüße
die schöne Garonne –“
Unter den schwankenden Füßen
schwimmen die Wolken davon.

Tipp **Interpretation von Trümmerlyrik**

Für die sogenannte „Trümmerlyrik" ist ein knapper Sprachstil kennzeichnend, in dem sich eine demonstrative Ablehnung der traditionellen Erlebnislyrik widerspiegelt. Achten Sie daher bei der Analyse darauf, wie konkrete Wirklichkeitserfahrungen an die Stelle poetischer Überhöhungen treten.

Aspekte der Interpretation

Günter Eich beschreibt in diesem Gedicht vordergründig die Banalität eines Latrinenganges. Die Darstellung dieser profanen Alltagsszene eines Frontsoldaten vermischt sich dabei mit ernüchternden Reflexionen über die Natur („Schlamm der Verwesung"), die existenzielle Not des Menschen („Unter den schwankenden Füßen / schwimmen die Wolken davon") und über die verlorene Unschuld der Sprache und Literatur („Papier voll Blut und Urin").

Die Ablehnung einer poetischen Verklärung des Lebens zeigt sich zunächst im Reim der dritten Strophe (Hölderlin / Urin) auf sarkastische Weise, dann im Zitat eines Hölderlin-Gedichtes („Geh aber nun und grüße / die schöne Garonne"), das im Widerspruch steht zur brutalen Wirklichkeitserfahrung des lyrischen Ichs.

3.12.2 Lyrik der im Nationalsozialismus verfolgten Autoren

Paul Celan und Rose Ausländer, zwei aus jüdischen Familien stammende Autoren aus der Bukowina (damals Rumänien, heute Ukraine), die beide nach der Besetzung ihrer Heimatstadt Tschernowzy im dortigen Getto leben mussten, schufen mit ihren Gedichten literarische Zeugnisse, die das nationalsozialistische Grauen dokumentieren.

Biografie **Paul Celan**

Paul Celan wurde nach der Besetzung seiner Heimatstadt 1941 im Getto interniert, 1943 war er in einem Arbeitslager. Seine Eltern wurden 1942 deportiert. Sein Vater starb in einem Arbeitslager, seine Mutter wurde im deutschen Konzentrationslager ermordet.

Nach dem Ende des Kriegs emigrierte Paul Celan 1947 nach Paris und nahm die französische Staatsbürgerschaft an. In Frankreich trat er als Übersetzer vor allem französischer und russischer Lyrik hervor. Celan litt nach dem Krieg unter schweren Wahnvorstellungen. Er nahm sich 1970 das Leben.

Für Paul Celan ist die Arbeit mit abstrakten Metaphern und Chiffren charakteristisch. Seine bildmächtigen Gedichte schaffen eine eigene Welt aus Metaphern, Motiven und Farben. Sie thematisieren meist indirekt die Grauen des Antisemitismus, der Gettos und Konzentrationslager und den Missbrauch der Sprache durch die Nationalsozialisten.

Paul Celan: Todesfuge (1944; veröffentlicht 1952)

Schwarze Milch der Frühe wir trinken sie abends
wir trinken sie mittags und morgens wir trinken sie nachts
wir trinken und trinken
wir schaufeln ein Grab in den Lüften da liegt man nicht eng
Ein Mann wohnt im Haus der spielt mit den Schlangen der schreibt
der schreibt wenn es dunkelt nach Deutschland dein goldenes Haar Margarete
der schreibt es und tritt vor das Haus und es blitzen die Sterne er pfeift seine Rüden herbei
er pfeift seine Juden hervor läßt schaufeln ein Grab in der Erde
er befiehlt uns spielt auf nun zum Tanz

Schwarze Milch der Frühe wir trinken dich nachts
wir trinken dich morgens und mittags wir trinken dich abends
wir trinken und trinken
Ein Mann wohnt im Haus der spielt mit den Schlangen der schreibt
der schreibt wenn es dunkelt nach Deutschland dein goldenes Haar Margarete
Dein aschenes Haar Sulamith wir schaufeln ein Grab in den Lüften da liegt man nicht eng

Er ruft stecht tiefer ins Erdreich ihr einen ihr andern singet und spielt
er greift nach dem Eisen im Gurt er schwingts seine Augen sind blau
stecht tiefer die Spaten ihr einen ihr andern spielt weiter zum Tanz auf

Schwarze Milch der Frühe wir trinken dich nachts
wir trinken dich mittags und morgens wir trinken dich abends
wir trinken und trinken
ein Mann wohnt im Haus dein goldenes Haar Margarete
dein aschenes Haar Sulamith er spielt mit den Schlangen

Er ruft spielt süßer den Tod der Tod ist ein Meister aus Deutschland
er ruft streicht dunkler die Geigen dann steigt ihr als Rauch in die Luft
dann habt ihr ein Grab in den Wolken da liegt man nicht eng

Schwarze Milch der Frühe wir trinken dich nachts
wir trinken dich mittags der Tod ist ein Meister aus Deutschland
wir trinken dich abends und morgens wir trinken und trinken
der Tod ist ein Meister aus Deutschland sein Auge ist blau
er trifft dich mit bleierner Kugel er trifft dich genau
ein Mann wohnt im Haus dein goldenes Haar Margarete
er hetzt seine Rüden auf uns er schenkt uns ein Grab in der Luft
er spielt mit den Schlangen und träumet der Tod ist ein Meister aus Deutschland

dein goldenes Haar Margarete
dein aschenes Haar Sulamith

Aspekte der Interpretation

Das Gedicht thematisiert den Massenmord an den europäischen Juden durch die Nationalsozialisten. Es folgt dem musikalischen Prinzip der Fuge, das durch eine komplexe Themenverarbeitung gekennzeichnet ist, bei der mehrere Stimmen ineinandergefügt, wiederholt und variiert werden.

Das Gedicht ist vor allem geprägt durch das am Anfang stehende Oxymoron „schwarze Milch“, ein leitmotivisches Sinnbild des Holocausts, das die nur kaum in Worte zu fassende Realität in den Konzentrationslagern auf indirekte, aber gleichwohl auf eindrucksvolle und bedrückende Art und Weise in Form eines Chorgesanges der massenhaft Sterbenden zur Sprache bringt. Die sich wiederholenden Chorpassagen verdeutlichen auf quälende Art und Weise das Sterben („wir trinken und trinken“) der Lagerinsassen und ihren Tod in den Verbrennungsöfen („Wir schaufeln ein Grab in den Lüften da liegt man nicht eng“, V. 4). Den Opfern („wir“) steht dabei ein namenloser Täter („er“) gegenüber, der auf grausame Weise einerseits den Massenmord ästhetisiert („Er ruft spielt süßer den Tod der Tod ist ein Meister aus Deutschland“, V. 23), den er selbst zu verantworten hat („er pfeift seine Juden hervor läßt schaufeln ein Grab in der Erde“, V. 7; „er trifft dich mit bleierner Kugel“, V. 29).

Paul Celan und Nelly Sachs sahen sich als „Geschwister im Leid“ und hatten einen sehr engen Kontakt. Auch **Nelly Sachs’** Hauptthema sind die Grauen des Holocausts.

Nelly Sachs: Chor der Geretteten (1946)

Wir Geretteten,
Aus deren hohlem Gebein der Tod schon seine Flöten schnitt,
An deren Sehnen der Tod schon seinen Bogen strich –
Unsere Leiber klagen noch nach
Mit ihrer verstümmelten Musik.
Wir Geretteten,
Immer noch hängen die Schlingen für unsere Hälse gedreht
Vor uns in der blauen Luft –
Immer noch füllen sich die Stundenuhren mit unserem tropfenden Blut.

Wir Geretteten,
Immer noch essen an uns die Würmer der Angst.
Unser Gestirn ist vergraben im Staub.
Wir Geretteten
Bitten euch:
Zeigt uns langsam eure Sonne.
Führt uns von Stern zu Stern im Schritt.
Laßt uns das Leben leise wieder lernen.
Es könnte sonst eines Vogels Lied,
Das Füllen des Eimers am Brunnen
Unseren schlecht versiegelten Schmerz aufbrechen lassen
Und uns wegschäumen –
Wir bitten euch:
Zeigt uns noch nicht einen beißenden Hund –
Es könnte sein, es könnte sein
Daß wir zu Staub zerfallen –
Vor euren Augen zerfallen in Staub.
Was hält denn unsere Webe zusammen?
Wir odemlos gewordene,
Deren Seele zu Ihm floh aus der Mitternacht
Lange bevor man unseren Leib rettete
In die Arche des Augenblicks.
Wir Geretteten,
Wir drücken eure Hand,
Wir erkennen euer Auge –
Aber zusammen hält uns nur noch der Abschied,
Der Abschied im Staub
Hält uns mit euch zusammen.

Aspekte der Interpretation

Aus der Sicht der überlebenden Opfer der nationalsozialistischen Herrschaft berichtet das lyrische Ich in der Wir-Form über das immer noch anhaltende Leid der Überlebenden. Das Schicksal der Geretteten ist geprägt durch die Erfahrung von Angst, Schmerz und Tod („Wir Geretteten, / Aus deren hohlem Gebein der Tod schon seine Flöten schnitt, / An deren Sehnen der Tod schon seine Bogen strich –“, V. 1–3). Aufgrund des Erlebten sehnen sich die Geretteten nach Versöhnung und Normalität („Wir Geretteten, / Wir drücken eure Hand“, V. 32–33), gleichzeitig machen sie aber deutlich, dass die Vergangenheit nicht verdrängt werden kann und sich wie ein dunkler Schatten über das weitere Leben legt: „Aber zusammen hält uns nur noch der Abschied, / Der Abschied im Staub / Hält uns mit euch zusammen“ (V. 35–37).

Biografie **Nelly Sachs**

Nelly Sachs floh 1940 nach Schweden, um dem Holocaust zu entgehen. Wie Paul Celan litt Nelly Sachs periodisch unter Angst- und Wahnzuständen, die, verstärkt durch das Trauma der Verfolgung und Vernichtung der Juden, phasenweise Aufenthalte in psychiatrischen Kliniken notwendig machten.

3.12.3 Lyrische Fürsprache für tabuisierte Autoren

Viele jüngere, oftmals in der zweiten Hälfte der 1920er-Jahre geborene Lyrikerinnen und Lyriker, haben den aus rassischen Gründen verfolgten Autoren, insbesondere Nelly Sachs, eigene Gedichte gewidmet und ihr damit nicht nur ihre Wertschätzung gezeigt, sondern sich vor allem auch zu öffentlichen Fürsprechern ihrer Lyrik gemacht, die bis weit in die 1950er-Jahre hinein kaum beziehungsweise nur sporadisch veröffentlicht und vielfach tabuisiert wurde. So erfuhr Nelly Sachs erst auf die Initiative Hans Magnus Enzensbergers hin breitere Aufmerksamkeit der Öffentlichkeit. Enzensberger nahm in seine 1960 herausgegebene Gedichtanthologie „Museum der modernen Poesie“ neben Gedichten von Rilke, Brecht, Benn und nur wenigen anderen Autoren zwei Gedichte von Nelly Sachs auf. Auch Dagmar Nick machte sich in ihren Werken zur Fürsprecherin von Nelly Sachs.

Dagmar Nick: Den Duldenden (1948)

Ich will die Leiden aller derer sagen,
die ohne Stimme sind.
Ich will nicht klagen.
Ich will nur jenen Schmerz in Worte schlagen,
der machtlos starr an eurem Mund gerinnt.

Euch Preisgegebene will mein Lied begleiten,
bis mir der Atem brennt
von Traurigkeiten.
Jagt eure Bögen über meine Saiten
und spielt mich: Ich bin euer Instrument.

Aspekte der Interpretation

Das Gedicht „Den Duldenden“ von Dagmar Nick aus dem Jahr 1948 steht in einer zeitlichen Nähe zu dem im Jahre 1946 entstandenen Gedicht „Chor der Geretteten“ von Nelly Sachs. In beiden Gedichten spielt das Motiv der Musik eine wichtige Rolle: Während Nelly Sachs in ihrem Gedicht aus der Perspektive der Leidenden dieses Motiv aufgreift (V. 1–5) macht sich das lyrische Ich in Dagmar Nicks Gedicht zur Fürsprecherin der vom Nationalsozialismus Verfolgten („Jagt eure Bögen über meine Saiten / und spielt mich: ich bin euer Instrument“, Vers 9–10), um sich den immer noch vorhandenen Ängsten und Sorgen der Verfolgten anzunehmen („Ich will die Leiden aller derer sagen, / die ohne Stimme sind. / [...] / Ich will nur jenen Schmerz in Worte schlagen, / der machtlos starr an eurem Mund gerinnt.“, V. 1–5).

Hans Magnus Enzensberger gehörte in den 1950er- und 1960er-Jahren zu den jungen Sozial- und Gesellschaftskritikern der deutschen Literatur. Seine Gedichte aus dieser Zeit gehen mit der satten Gesellschaft der Nachkriegszeit ins Gericht und thematisieren die Bedrohung, die von der Verdrängung der Vergangenheit ausgeht.

Hans Magnus Enzensberger: Die Verschwundenen (1964)
für Nelly Sachs

1 Nicht die Erde hat sie verschluckt. War es die Luft?
Wie der Sand sind sie zahlreich, doch nicht zu Sand
sind sie geworden, sondern zu nichte. In Scharen
sind sie vergessen. Häufig und Hand in Hand,

wie die Minuten. Mehr als wir,
doch ohne Andenken. Nicht verzeichnet,
nicht abzulesen im Staub, sondern verschwunden
sind ihre Namen, Löffel und Sohlen.

Sie reuen uns nicht. Es kann sich niemand
auf sie besinnen: Sind sie geboren,
geflohen, gestorben? Vermißt
sind sie nicht worden. Lückenlos
ist die Welt, doch zusammengehalten
von dem was sie nicht behaust,
von den Verschwundenen. Sie sind überall.

Ohne die Abwesenden wäre nichts da.
Ohne die Flüchtigen wäre nichts fest.
Ohne die Vergessenen nichts gewiß.

Die Verschwundenen sind gerecht.
So verschallen wir auch.

Aspekte der Interpretation

Enzensbergers Gedicht enthält Motive aus Nelly Sachs' Gedicht „Chor der Geretteten“, zudem ist der Titel eine Anspielung auf andere Gedichte Nelly Sachs' (etwa: „Chor der Schatten“, „Chor der Toten“). Schon mit dem Titel „die Verschwundenen“ spielt Enzensberger auf ein Grundmotiv der Gedichte Nelly Sachs' an, das die Heimatlosigkeit und die Entwurzelung der überlebenden Opfer des Nationalsozialismus beschreibt und von ihrem Verschwinden und Sterben berichtet. Der Titel steht dabei in einem Zusammenhang mit den Wörtern „Luft“ und „Staub“, die für Nelly Sachs' Gedicht „Chor der Geretteten“ von Bedeutung sind. Auch das Motiv der Zeit spielt in diesen beiden Gedichten eine große Rolle: Während das Bild der sich mit Blut füllenden Stundenuhren in Nelly Sachs' Gedicht das langsame Sterben der Überlebenden symbolisiert, spricht Enzensberger davon, dass die Opfer „vergessen“ werden „wie die Minuten“, bis sie buchstäblich aus dem öffentlichen Bewusstsein verschwunden sind.

3.13 Politische und hermetische Lyrik der Wirtschaftswunderjahre

Die Lyrik während der „Wirtschaftswunderjahre“ (ca. 1950–1965) ist durch eine doppelte Skepsis geprägt. Hans Magnus Enzensberger und Erich Fried wenden sich in der Tradition Brechts der politischen Lyrik zu und setzen sich mit den politischen Themen der Zeit kritisch auseinander. Gleichzeitig wird die Dichtung von Paul Celan, Günter Eich und Ingeborg Bachmann immer verschlossener und hermetischer.

Basiswissen **Hermetische und politische Lyrik der Nachkriegszeit**

Kennzeichen der hermetischen Lyrik:

- Hermetische Gedichte dienen den Autoren primär als Medium zur Verarbeitung existenzieller Grunderfahrungen und sind durch die Verwendung der Chiffre gekennzeichnet.
- Die hermetische Lyrik ist durch eine tief greifende Sprachskepsis geprägt.

Hauptvertreter: Paul Celan (1920–1970), Nelly Sachs (1891–1970), Rose Ausländer (1901–1988), Ingeborg Bachmann (1926–1973), Gottfried Benn (1886–1956), Günter Eich (1907–1972)

Kennzeichen der politischen Lyrik: Im Vordergrund steht die Auseinandersetzung mit den Folgen der nationalsozialistischen Vergangenheit, dem Vietnamkrieg, den Notstandsgesetzen und der außerparlamentarischen Opposition.
Hauptvertreter: Hans Magnus Enzensberger (*1929), Erich Fried (1921–1988)

3.13.1 Sprachskepsis im Dienst der Gegenwartskritik

Neben Hans Magnus Enzensberger gilt Erich Fried als der Hauptvertreter der politischen Lyrik der Nachkriegszeit. Sein 1964 veröffentlichter Gedichtband „Warngedichte“ sowie die Sammlung „und Vietnam und“ (1966) begründeten seinen Ruf als politischer Dichter. Seine politische Dichtung ist geprägt durch aphoristische Verknappung und eine präzise geformte Sprache sowie durch tagespolitische Aktualität.

Erich Fried: 17.–22. Mai 1966

Aus Da Nang
wurde fünf Tage hindurch
täglich berichtet:
Gelegentlich einzelne Schüsse

Am sechsten Tag wurde berichtet:
In den Kämpfen der letzten fünf Tage
in Da Nang
bisher etwa tausend Opfer

Aspekte der Interpretation

Das Gedicht „17.–22. Mai 1966“ aus dem Band „und Vietnam und“ nimmt auf entlarvende Weise Bezug auf die Berichterstattung der Medien während des Vietnamkriegs, indem Fried pointiert sprachliche Verharmlosungen („Gelegentlich einzelne Schüsse“) der Wirklichkeit („etwa tausend Opfer“) entgegenstellt.

Hans Magnus Enzensberger: Bildzeitung (1957)

Du wirst reich sein
Markenstecher Uhrenkleber:
wenn der Mittelstürmer will
wird um eine Mark geköpft
ein ganzes Heer beschmutzter Prinzen
Turandots Mitgift unfehlbarer Tip
Tischlein deck dich:
du wirst reich sein.

Manitypistin Stenoküre
du wirst schön sein:
wenn der Produzent will
wird dich Druckerschwärze salben
zwischen Schenkeln grober Raster
mißgewählter Wechselbalg
Eselin streck dich:
du wirst schön sein.

Sozialvieh Stimmenpartner
du wirst stark sein:
wenn der Präsident will
Boxhandschuh am Innenlenker
Blitzlicht auf das Henkerlächeln
gib doch Zunder gib doch Gas
Knüppel aus dem Sack:
du wirst stark sein.

Auch du auch du auch du
wirst langsam eingehn
an Lohnstreifen und Lügen
reich, stark erniedrigt
durch Musterungen und Malz-
kaffee, schön besudelt mit Straf-
zetteln, Schweiß,
atomarem Dreck:
deine Lungen ein gelbes Riff
aus Nikotin und Verleumdung
Möge die Erde dir leicht sein
wie das Leichentuch
aus Rotation und Betrug
das du dir täglich kaufst
in das du dich täglich wickelst.

Aspekte der Interpretation

In collagenhafter Form streift Enzensberger in seinem Gedicht „Bildzeitung“ die klassischen Themen der Boulevardpresse (Sport, Politik, Gesellschaftsklatsch). Er entlarvt dabei einerseits die geheimen Sehnsüchte der Leser nach Ruhm, Reichtum, Schönheit und Macht, gleichzeitig zeigt er die schleichende Entpolitisierung und das Abgleiten weiter Teile der Bevölkerung in die passive Konsumentenrolle auf.

Enzensberger bedient sich dabei vieler literarischer Anspielungen (Allusionen), z. B. spielt er auf Turandot an, eine Heldin aus den Geschichten aus „Tausendundeiner Nacht“, deren Schönheit zwar legendär, die aber auch für ihre Grausamkeit berüchtigt war, da sie ihre Freier enthaupten ließ, wenn es diesen nicht gelang, von ihr gestellte Rätsel zu lösen. Eine ähnlich entlarvende Funktion haben die zahlreichen Wortvertauschungen (Markenkleber, Uhrenstecher, Maniküre, Stenotypistin, Stimmenvieh), verfremdete Zitate aus der Märchenliteratur („Tischlein deck dich: / du wirst reich sein“, V. 7–8; „Eselin streck dich: / du wirst schön sein“, V. 15–16, usw.), die dem Zweck dienen, die verfälschte oder gar verzerrte Darstellung der Realität durch die Boulevardpresse zu verdeutlichen. Die Schlagzeilenartig zusammengesetzten Wortgebilde („Sozialvieh Stimmenpartner“, „Lohnstreifen und Lügen“) machen die sinnentleerten Medienbotschaften unmittelbar nachvollziehbar.

3.13.2 Sprachlosigkeit infolge von Resignation

Die Skepsis über die Möglichkeit der Weltaneignung mithilfe der Sprache wird insbesondere deutlich in der Lyrik Ingeborg Bachmanns, die konsequent mit dem Glauben an die Wahrheit des Wortes bricht und nach der Veröffentlichung ihres zweiten Gedichtbandes fast völlig verstummt. Ihr letztes Gedicht „Keine Delikatessen" stellt eine Absage an alle Hoffnung darauf dar, dass die Sprache dem Dichter die Welt näherbringen könnte oder umgekehrt der Dichter mit Worten der Welt beikommen könne.

Ingeborg Bachmann: Keine Delikatessen (1968)

Nichts mehr gefällt mir.

Soll ich
eine Metapher ausstaffieren
mit einer Mandelblüte?
Die Syntax kreuzigen
auf einen Lichteffekt?
Wer wird sich den Schädel zerbrechen
über so überflüssige Dinge –

Ich habe ein Einsehn gelernt
mit den Worten,
die da sind
(für die unterste Klasse)

Hunger
Schande
Tränen
und

Finsternis.

Mit dem ungereinigten Schluchzen,
mit der Verzweiflung
(und ich verzweifle noch vor Verzweiflung)
über das viele Elend,
den Krankenstand, die Lebenskosten,
werde ich auskommen.

Ich vernachlässige nicht die Schrift,
sondern mich.
Die andern wissen sich
weißgott
mit den Worten zu helfen.
Ich bin nicht mein Assistent.

Soll ich
einen Gedanken gefangennehmen,
abführen in eine erleuchtete Satzzelle?
Aug und Ohr verköstigen
mit Worthappen erster Güte?
erforschen die Libido eines Vokals,
ermitteln die Liebhaberwerte unserer Konsonanten?

Muß ich
mit dem verhagelten Kopf,
mit dem Schreibkrampf in dieser Hand,
unter dreihundertnächtigem Druck
einreißen das Papier,
wegfegen die angezettelten Wortopern,
vernichtend so: ich du und er sie es

wir ihr?

(Soll doch. Sollen die andern.)

Mein Teil, es soll verloren gehen.

Aspekte der Interpretation

Dieses letzte, im Jahre 1968 von Hans Magnus Enzensberger in der Zeitschrift „Kursbuch" veröffentlichte Gedicht Ingeborg Bachmanns kündigt das Verstummen der Dichterin an: Die Dichtung scheint ihr nicht mehr geeignet, die Wirklichkeit unverfälscht wiedergeben zu können („Soll ich / eine Metapher ausstaffieren / mit einer Mandelblüte?", V. 2–4), der scheinbaren Schönheit der Worte („Worthappen erster Güte", V. 34) steht die soziale Realität („das viele Elend / den Krankenstand, die Lebenskosten", V. 21–22) und die von Sarkasmus getragene Verzweiflung der Dichterin („und ich verzweifle noch vor Verzweiflung", V. 19) entgegen.

3.13.3 Die Chiffre als Stilprinzip der hermetischen Lyrik

Schwer entzifferbare Einzelmetaphern, paradoxe Wendungen, Wortwiederholungen und gedankliche Kreisbewegungen charakterisieren die Sprache der hermetischen Lyrik. Die in den hermetischen Gedichten verwendeten sprachlichen Bilder sind Bilder aus der inneren Erfahrungswelt der Dichter, zu der der Leser zunächst keinen direkten Zugang hat. Hierin manifestiert sich ein Bruch zwischen den individuellen Lebenserfahrungen der Autoren (z. B. Holocausterfahrungen, Exil) und den traditionellen Rezeptionsgewohnheiten lyrischer Texte.

Einer der Gründe für die verschlüsselte Sprache war sicherlich die nach wie vor anhaltende Tabuisierung der nationalsozialistischen Vergangenheit in weiten Teilen der Leserschaft. Sie wurde von vielen der Autoren als gesellschaftliche Kommunikationsverweigerung wahrgenommen, worauf sie ihrerseits mit einer deutlich ausgeprägten Sprach- und Weltskepsis reagierten. Viele Autoren sprachen daher ihre Leser nicht mehr direkt an, sondern bedienten sich einer chiffrenhaften Sprache, mit der sie den Leser aufforderten, sich mit den Rätseln ihrer inneren Erfahrungswelt zu beschäftigen. Die hermetische Lyrik wirkt oft dunkel und rätselhaft und kreist um existenzielle Themen wie Einsamkeit und Trauer.

Basiswissen **Symbol und Chiffre**

- **Symbole** sind anschauliche, bildkräftige Zeichen, die über sich selbst hinaus auf einen höheren, abstrakten Bereich, Gedanken oder Zusammenhang verweisen; z. B. Kreuz für Christentum.
- **Chiffren** sind verrätselte Symbole, die nicht auf einer allgemein gültigen Entsprechung zwischen dem sprachlichen Ausdruck und seiner Bedeutung beruhen.

Die Verwendung von Chiffren trifft insbesondere auf die hermetische Dichtung Paul Celans zu, dessen Gedichte vielfach an der Grenze zwischen Sprechen und Schweigen angesiedelt sind.

Paul Celan: Fadensonnen (1965)

über der grauschwarzen Ödnis.
Ein baum-
hoher Gedanke
greift sich den Lichtton: es sind
noch Lieder zu singen jenseits
der Menschen.

Tipp **Interpretation hermetischer Lyrik**

Bedenken Sie bei der Analyse hermetischer Gedichte, dass häufig Substantive als Träger von Vorstellungen in den Vordergrund treten, Verben aber häufig fehlen oder in nicht finiter Form verwendet werden.

Aspekte der Interpretation

Celans Gedicht „Fadensonnen“ ist einerseits durch sich überlagernde, aber in sich widersprüchliche Vorstellungsbereiche geprägt, die sich aus der Semantik der Substantive ergeben („Ödnis“, „Gedanke“, „Lichtton“, „Lieder“, „Menschen“), andererseits durch die Beschreibung einer abstrakten „Handlung“ („ein baum- / hoher Gedanke / greift sich den Lichtton“), die in eine angedeutete Erlösungshoffnung („es sind / noch Lieder zu singen“) mündet, die jedoch angesichts der melancholischen Grundstimmung des Gedichts („grauschwarzen Ödnis“) in den letzten beiden Versen („jenseits der Menschen“) relativiert wird. Die Welt erscheint in diesem Gedicht unerklärlich und abstrakt, einen nur vagen Halt scheint der „Lichtton“ geben zu können, der aber als solcher nicht greifbar ist.

3.13.4 Hermetische Naturlyrik

Die Entfremdung des Menschen zeigt sich in der hermetischen Lyrik nicht nur in der Verschlossenheit des lyrischen Ichs gegenüber seinem Leser, sondern auch in seinem Verhältnis zur Natur, die als etwas Fremdes und kaum Deutbares erfahren wird. Selbst zu einer kaum noch entzifferbaren Chiffre geworden, spiegelt sich in einer negativen Naturerfahrung die Weltverlorenheit des lyrischen Ichs.

Günter Eich: Winterliche Miniatur (1948)

Übers Dezembergrün der Hügel
eine Pappel sich streckt wie ein Monument.
Krähen schreiben mit trägem Flügel
eine Schrift in den Himmel, die keiner kennt.
In der feuchten Luft gibt es Laute und Zeichen:
die Hochspannung klirrt wie Grillengezirp,
die Pilze am Waldrand zu Gallert erbleichen,
ein Drosselnest im Strauchwerk verdirbt,
der Acker liegt in geschwungenen Zeilen,
das Eis auf den Pfützen zeigt blitzend den Riss.
Wolken, schwanger von Schnee, verweilen
überm Alphabete der Bitternis.

Aspekte der Interpretation

Unter dem Titel „Winterliche Miniatur“ beschreibt Günter Eich einzelne Elemente einer Winterlandschaft: eine sich in den Himmel streckende Pappel, am Himmel fliegende Krähen, Hochspannungsmasten und dergleichen mehr. Die Natur als Ganze bleibt dem Betrachter jedoch fremd, Krähen „schreiben […] / eine Schrift in den Himmel, die keiner kennt“ und abschließend ist die Rede vom „Alphabete der Bitternis“, der zentralen Chiffre des Gedichts. Zwar „gibt es Laute und Zeichen“, diese aber deuten lediglich auf ein gestörtes Verhältnis zur Natur, auf einen „Riss“ hin: Während konstatiert wird, dass „die Pilze […] erbleichen“ und „ein Drosselnest […] verdirbt“, „verweilen“ Wolken über „der Bitternis“. Die Natur, versteinert „wie ein Monument“, verschließt sich vor dem suchenden Betrachter, kann nicht mehr als sinnvoll erlebt werden und lässt keine Annäherung mehr zu.

3.14 Konkrete Poesie

Die konkrete Poesie (ab ca. 1950) ist eine Richtung der experimentellen Lyrik. Die Dichter der konkreten Poesie nutzen die visuelle und akustische Dimension der Sprache als literarisches Mittel und verdeutlichen durch die Reduktion der Sprache auf das unbedingt Notwendige Sachverhalte und Vorgänge auf möglichst konkrete Art und Weise.

Basiswissen **Konkrete Poesie**

Techniken und Formen:

- Wörter, einzelne Buchstaben und sogar bloße Satzzeichen werden aus dem festen Zusammenhang der Sprache herausgelöst und treten dem Betrachter „konkret", also für sich selbst stehend, gegenüber.
- Isolierte Buchstaben, Wörter, Laute oder auch Satzzeichen werden durch Montage, Reihung, Variation, Wiederholung oder grafische Anordnung miteinander in künstlerischer Absicht kombiniert.
- Die Dichter schufen vorrangig visuelle Bildgedichte und Lautgedichte.

Zweck:

- Viele Autoren verfolgen mit ihren Texten politische Absichten, andere knüpfen an die Tradition der dadaistischen Nonsenslyrik an.
- Die Werke sollen durch Verfremdung und sprachliches Experiment gewohnte Seh- und Lesegewohnheiten durchbrechen.

Hauptvertreter: Eugen Gomringer (*1925), Ernst Jandl (1925–2000), Friedrich Achleitner (*1930), Reinhard Döhl (1934–2004)

3.14.1 Visuelle Gedichte

Die Bildgedichte der konkreten Poesie machen elementare Sachverhalte und Vorgänge durch eine einfache grafische Darstellung sinnfällig. Entscheidend ist dabei die Beschränkung auf eine möglichst kleine Menge von Wörtern, die gemeinsam mit der Fläche, auf der sie abgebildet werden, eine Einheit bilden. Die Einheit von Text und Textfläche dient dem Zweck, den Inhalt des Textes in seiner äußeren Form zu spiegeln.

Eugen Gomringer: schweigen (1954)

schweigen schweigen schweigen
schweigen schweigen schweigen
schweigen   schweigen
schweigen schweigen schweigen
schweigen schweigen schweigen

Tipp **Analyse visueller Gedichte**

1. Berücksichtigen Sie immer die grafische Gestaltung des Textes.
2. Beantworten Sie im Rahmen Ihrer Interpretation die Frage, welcher Sachverhalt oder Vorgang auf welche Art und Weise visuell zum Ausdruck gebracht wird.

Aspekte der Interpretation

Das Kompositionsprinzip des visuellen Gedichts „schweigen" von Eugen Gomringer beruht auf einer mehrfachen horizontalen und vertikalen Anordnung des Wortes „schweigen". Der Textblock besteht aus fünf Zeilen, in denen das Wort „schweigen" je dreimal enthalten ist. Im Zentrum des Textblocks – in der dritten Zeile – fehlt dieses Wort jedoch. Dadurch wird der Vorgang des Schweigens auf frappierende Art und Weise bildlich zur Darstellung gebracht, da gerade die Abwesenheit des Wortes den Vorgang des Schweigens visuell sinnfällig macht.

Biografie **Eugen Gomringer**

Der in Bolivien geborene Deutschschweizer Eugen Gomringer gilt als der Begründer der konkreten Poesie. Er prägte den Begriff dieser Form der experimentellen Lyrik in Anlehnung an den Begriff der „konkreten Malerei". Das Kompositionsprinzip visueller Gedichte nannte Gomringer „Konstellation". Eine „Konstellation" im Sinne Gomringers liegt vor, wenn durch die Verbildlichung eines Wortes dessen Bedeutung sichtbar gemacht wird. Seine Konstellationen veröffentlichte Gomringer 1969 in dem Sammelband „worte sind schatten".

Reinhard Döhl: Apfel (1965)

Ernst Jandl: markierung (1966)

1944	1945
krieg	krieg
krieg	krieg
krieg	krieg
krieg	krieg
krieg	mai
krieg	
krieg	
krieg	
krieg	
krieg	
krieg	
krieg	

(markierung einer wende)

Aspekte der Interpretation

Sowohl das Gedicht „Apfel“ von Reinhard Döhl wie auch das Gedicht „markierung“ von Ernst Jandl stellen Konstellationen im Sinne Gomringers dar. Beiden Texten ist gemeinsam, dass sie einen Sachverhalt (einen wurmstichigen Apfel beziehungsweise das Ende des Zweiten Weltkrieges) visuell vermitteln. Form und Inhalt sind in beiden Gedichten konkret und kongruent (übereinstimmend): Döhl zeigt die Wurmstichigkeit des Apfels, indem er an einer Stelle des ansonsten nur aus dem Wort „Apfel“ bestehenden Textes das Wort „Wurm“ einfügt. Ernst Jandl benennt in der Form einer kalendarischen Chronik das Ende des Krieges und den gesellschaftlichen Neubeginn und enthält sich dabei jeglicher Aussage über den von ihm gezeigten Sachverhalt.

3.14.2 Lautgedichte

Lautgedichten liegen vielfach zwei künstlerische Techniken zugrunde: Die Autoren verfremden ein Wort, indem sie es in seine Einzellaute (Phoneme) zerlegen und diese auf eine neue Art und Weise zusammenfügen, oder sie ersetzen Einzellaute eines Wortes durch andere, wodurch es oftmals zu überraschenden Bedeutungsverschiebungen kommt. Als einer der wichtigsten Vertreter der deutschsprachigen experimentellen Lyrik gilt Ernst Jandl. In seinen Gedichten setzte er sich auch mit seinen Erfahrungen des Krieges und dessen Folgen auseinander.

Ernst Jandl: lichtung (1966)

manche meinen
lechts und rinks
kann man nicht
velwechsern.
werch ein illtum!

Tipp **Analyse von Lautgedichten**

Achten Sie bei der Analyse von Lautgedichten auf bewusst angelegte Bedeutungsverschiebungen.

Aspekte der Interpretation

Die lautliche Struktur des Gedichtes „lichtung“ ist geprägt von der Verwechslung der Buchstaben „l“ und „r“. Die Verwechslung wird auch inhaltlich thematisiert – es geht um die Verwechslung von rechts und links. Das unterstreicht auch die Überschrift, denn sie ist aufgrund der Vertauschung von „l“ und „r“ zweideutig (es könnte auch „Richtung“ gemeint sein). Das Denken derer („manche“), die diese Verwechselbarkeit bestreiten, wird ironisch kommentiert, indem die Verwechselbarkeit konkret vorgeführt, als „illtum“ überführt und als krankhaft (engl. *ill* „krank“) oder gefährlich bewertet wird. Trotz komischer Wirkung verbirgt sich hinter den wenigen Worten eine politische Aussage, denn rechts und links können auch als Anspielungen auf Nationalsozialismus und Kommunismus verstanden werden.

Ernst Jandl: schtzngrmm (1969)

schtzngrmm
schtzngrmm
t-t-t-t
t-t-t-t
grrrmmmmm
t-t-t-t
s—c—h
tzngrmm
tzngrmm
tzngrmm
grrrmmmmm
schtzn
schtzn
t-t-t-t
t-t-t-t
schtzngrmm
schtzngrmm
tssssssssssssssssss
grrt
grrrrrt
grrrrrrrrt
scht
scht
t-t-t-t-t-t-t-t-t-t
scht
tzngrmm
tzngrmm
t-t-t-t-t-t-t-t-t-t
scht
scht
scht
scht
scht
grrrrrrrrrrrrrrrrrrrrrrrrrrrr
t-tt

Ernst Jandl: restaurant (1964)

blllllllllllllllmmmmm
mmmlllllmmmlllllmmmmm
s--c--h c--h s--c--h c--h s--c--h c--h
tsch
pffffffffffp
pffffffffffp
blllllmmmmmmmmmmmmrrr
ts
ts
gs-----c-----hbwwwwww
wwwwwwws-----c-----hgb
aabla
gnnnnnnnnnnnnnnnnnnnn
gnnnk
fffptst
rrrrrdrrrrr
blllnnbnnnblllnnbnnnblllnnbnnn
oj
g ptt g ptt g ptt
fffffwwwfffff
lllllt lllllt lllllt lllllt lllllt
kc--hll
aabla
snnn snnn snnnksnnn
lll

Aspekte der Interpretation

Auf lautmalerische (onomatopoetische) Art und Weise verdeutlicht Ernst Jandl im Gedicht „schtzngrmm“ die Situation in einem Schützengraben. Die einzelnen Lautgruppen des Gedichts lassen dabei eine große Assoziationsfülle zu, wie etwa Gewehrschüsse („t-t-t-t“), das Sterben eines Soldaten („t-tt“), austretendes Gas („tsssssssssssssssssss“) oder Raketenangriffe („s—c—h“).

Das Gedicht „Restaurant“ beruht auf einem anderen Verfahren. Die einzelnen Lautgruppen entstammen nicht dem Ausgangswort, bilden aber als Klangcollage den Verlauf und die typischen Geräusche eines Restaurantbesuches ab. So sind beispielsweise Schlürfgeräusche („bllllllllllllllmmmmm“), aber auch Bruchstücke einer Unterhaltung („aabla“) erkennbar.

3.15 Lyrik der 1970er-Jahre

Die Autoren der 1970er-Jahre empfanden ein Unbehagen an der politisch gefärbten Literatur und den gesellschaftstheoretischen Abstraktionen aus dem Umkreis der Studentenproteste der späten 1960er-Jahre. Einige von ihnen wandten sich individuellen Sehnsüchten, Sorgen und Nöten zu, deren gesellschaftlicher Kontext zwar nicht ausgeblendet, aber überwiegend auf der Ebene persönlichen Erlebens zur Sprache kommt. Werke, die dieser Richtung folgen, werden oft als „neue Subjektivität", „neue Sensibilität" oder „neue Innerlichkeit" bezeichnet. Sie markieren eine Tendenzwende in der westdeutschen Literatur. Gleichwohl gab es nach wie vor Autoren, die sich mit aktuellen Themen des gesellschaftlichen Lebens auseinandersetzten.

Basiswissen **Lyrik der 1970er-Jahre**

Themen und Sprache:

- Die Texte der „neuen Subjektivität" sind in einem privaten Ton gehalten, gefühlsbetont und autobiografisch geprägt, häufig tragen sie einen bekenntnishaften Charakter.
- Themen sind individuelle Befindlichkeiten und Wahrnehmungen, alltägliche Erfahrungen und private Beziehungen.
- Gesellschaftskritische Texte greifen Themen aus dem Umkreis der Studentenbewegung auf und artikulieren das individuelle Empfinden gesellschaftlicher Gegensätze.
- Die Sprache ist einfach und kunstlos, verzichtet bewusst auf eine verklausulierte Metaphorik und nähert sich der Alltagssprache an.

Hauptvertreter: Nicolas Born (1937–1979), Jürgen Theobaldy (*1944), Wolf Wondratschek (*1943), Rolf Dieter Brinkmann (1940–1975), Ursula Krechel (*1947), Friedrich Christian Delius (*1943), Ulla Hahn (*1946), Jürgen Fuchs (1950–1999)

3.15.1 Alltags- und Protestlyrik

Die Lyrik der 1970er-Jahre ist einerseits durch eine sehr private, autobiografische Auseinandersetzung mit dem eigenen Leben und den bisherigen Lebenserfahrungen (oft in tagebuchartiger Form) geprägt. Andererseits durch den Versuch, das individuelle Leiden und Aufbegehren gegen gesellschaftliche Ungleichheit und Ungerechtigkeit nacherlebbar zu machen.

Schriftstellerinnen wie Ursula Krechel und Schriftsteller wie Jürgen Fuchs suchen dabei bewusst die Nähe zu ihren Lesern, die die Rückbesinnung auf subjektive Wahrheiten und subjektives Erleben dankbar aufnahmen. Die Autoren thematisieren, oftmals auch nach dem Vorbild der amerikanischen Pop- und Undergroundliteratur, Alltagserfahrungen, die sie überwiegend mit den Mitteln der Alltagssprache zum Ausdruck bringen. In formaler Hinsicht nähern sich die Gedichte oft stark an autobiografische Prosatexte, wie beispielsweise Reflexionen, Notizen oder Tagebucheinträge, an.

Jürgen Fuchs: 17.6.78 (1978)

Gegen Abend kaufte ich Blumen
In Tempelhof
In der U-Bahn, Haltestelle
Platz der Luftbrücke
Drei Männer wankten vorbei
Und riefen
Deutschland erwache
Sie trugen kleine Aktentaschen
Mit denen man früh um sieben
Ins Büro geht

Tipp **Interpretation von Alltagslyrik**

Achten Sie bei der Analyse vor allem darauf, durch welche gestalterischen Mittel der Charakter des persönlichen Empfindens und Erlebens von Alltagserfahrungen zum Ausdruck gebracht und mit welchen Mitteln das Einverständnis mit dem Leser gesucht wird.

Aspekte der Interpretation

Schon der lediglich aus einer Datumsangabe bestehende Titel des Gedichtes verweist aufgrund seines Tagebuchcharakters gleichermaßen auf die Privatheit wie auf die Authentizität des geschilderten Alltagserlebnisses. Das lyrische Ich erzählt in der nüchternen und metrisch nicht gegliederten Form der Alltagssprache von einer Begegnung mit drei betrunkenen, nationalsozialistische Parolen grölenden Büroangestellten. Fuchs stellt dabei der Friedfertigkeit („Gegen Abend kaufte ich Blumen") des lyrischen Ichs die politische Anfälligkeit offensichtlich größerer Kreise der Mittelschicht („Drei Männer", „Aktentaschen", „Büro") für neofaschistisches Gedankengut („Deutschland erwache") entgegen.

Ursula Krechel thematisiert in ihren Gedichten die gesellschaftliche Rolle, das Selbstverständnis und das Selbstbewusstsein von Frauen in einer Gesellschaft, die noch von männlichen Überlegenheitsansprüchen geprägt war.

Ursula Krechel: Umsturz (1977)

Von heut an stell ich meine alten Schuhe
nicht mehr ordentlich neben die Fußnoten
häng den Kopf beim Denken
nicht mehr an den Haken
freß keine Kreide. Hier die Fußstapfen
im Schnee von gestern, vergeßt sie
ich hust nicht mehr mit Schalldämpfer
ich hab keinen Bock
meine Tinte mit Magermilch zu verwässern
ich hock nicht mehr im Nest, versteck
die Flatterflügel, damit ihr glauben könnt
ihr habt sie mir gestutzt. Den leeren Käfig
stellt mal ins historische Museum
Abteilung Mensch weiblich

Aspekte der Interpretation

In Ursula Krechels Gedicht „Umsturz“ artikuliert das weibliche lyrische Ich seine Unzufriedenheit mit seiner derzeitigen Lebenssituation und opponiert damit gegen die klassische Frauenrolle. Das lyrische Ich fühlt sich in einen „Käfig“, das „Nest“, eingesperrt, es beschließt, seine „Flatterflügel“ nicht länger zu verstecken, und fordert („stellt mal“) die fiktiven Adressaten des Gedichtes dazu auf, den „leeren Käfig“ ins „historische Museum / Abteilung Mensch weiblich“ zu bringen, also sein bisheriges Leben in die Vergangenheit zu verdammen. Ursula Krechel sucht dabei die Nähe zu ihren Lesern, indem sie das Aufbegehren nicht nur durch die Verwendung alltagssprachlicher („hab keinen Bock“) und redensartlicher Ausdrücke („freß keine Kreide“; „Schnee von gestern“; „ich hust“) verdeutlicht, sondern vor allem auch mithilfe allgemein geläufiger Metaphern („Käfig“, „Nest“) beschreibt.

Angeregt durch avantgardistische amerikanische Dichter wie Frank O’Hara und William Carlos Williams schuf **Rolf Dieter Brinkmann** Gedichte in der Tradition der *popular art,* mit denen er zu einem Wegbereiter der deutschen Popliteratur wurde. Im Vordergrund der Dichtung Brinkmanns steht eine durch scheinbare Leidenschaftslosigkeit geprägte Beschreibung alltäglicher Erlebnisse sowie die Flüchtigkeit und Oberflächlichkeit menschlicher Beziehungen, als deren Kehrseite jedoch die Isolation und Einsamkeit des Menschen zutage tritt.

Rolf Dieter Brinkmann: Die Orangensaftmaschine (1975)

dreht sich & Es ist gut, daß der Barmann
zuerst auf die nackten Stellen eines
Mädchens schaut, das ein Glas kalten

Tees trinkt. „Ist hier sehr heiß,
nicht?“ sagt er, eine Frage, die
den Raum etwas dekoriert,

was sonst? Sie hat einen kräftigen
Körper, und als sie den Arm
ausstreckt, das Glas auf

die Glasplatte zurückstellt,
einen schwitzenden, haarigen
Fleck unterm Arm, was den Raum

einen Moment lang verändert, die
Gedanken nicht. Und jeder sieht, daß
ihr’s Spaß macht, sich zu bewegen

auf diese Art, was den Barmann
auf Trab bringt nach einer langen
Pause, in der nur der Ventilator

zu hören gewesen ist wie
immer, oder meistens, um
diese Tageszeit.

Aspekte der Interpretation

Rolf Dieter Brinkmann beschreibt in seinem lakonisch „Die Orangensaftmaschine“ betitelten Gedicht das Zusammentreffen eines Barkeepers mit einem weiblichen Gast. Die Schilderung dieser Begegnung wirkt distanziert und emotionslos, die Beschreibung der Saftmaschine zu Beginn des Gedichts wie die Beschreibung des Deckenventilators an dessen Ende umrahmen auf befremdende Art und Weise die Schilderung sexualisierten Verhaltens („Es ist gut, daß der Barmann / zuerst auf die nackten Stellen eines Mädchens schaut“; „Und jeder sieht, daß / ihr’s Spaß macht, sich zu bewegen // auf diese Art“) und Sprechens („’Ist hier sehr heiß / nicht?’“).

Der Sprecher enthält sich jeglicher Wiedergabe von Empfindungen. Er beschränkt sich vielmehr auf eine Beschreibung der Begegnung und auf einige wenige, ebenfalls durch Distanz geprägte kommentierende Wertungen („Es ist gut“). Brinkmann gelingt es dabei, Momente emotionaler Gespanntheit und Aggressivität festzuhalten und gewissermaßen einzufrieren, etwa indem er die unbeantwortete Frage des Barkeepers scheinbar beiläufig kommentiert („eine Frage, die / den Raum etwas dekoriert“). Das Gedicht zeigt eine flüchtige Alltagssituation, in der die leidenschaftslos dargestellte menschliche Beziehung ein Zeugnis emotionaler Kälte ist.

3.15.2 Liebeslyrik der neuen Subjektivität

In der Liebeslyrik der neuen Subjektivität wird trotz aller Privatheit und Subjektivität ein gesellschaftlicher Hintergrund sichtbar. Vielfach drückt sich in den Texten ein tiefes Misstrauen gegenüber dem gesellschaftlichen Leben, der Zerstörung der Natur, dem Verhältnis der Geschlechter untereinander und der Zivilisation insgesamt aus. Dies geht oftmals einher mit einer genauen Darstellung innerer Leiden (Ulla Hahn) sowie einem resignativen Unterton, auch bei der Darstellung privater Glücksmomente.

Friedrich Christian Delius: Fähre Schenkenschanz (1981)

Auf der Fähre übern Altrhein zu dritt
Nur wir und wir im graugrünen Wind
Die ausgebrannte Welt die schleppen wir nicht mit
Herüber hinüber weißt du wann wir am Leben sind

Das Wasser tot und ich fürcht mich nicht
Ich wag es nicht zu sagen das Wort Glück
Du zeigst dem Kind die nahen Weiden und das Licht
Komm näher her ich halt dich diesen Augenblick

Aspekte der Interpretation

Das Gedicht besteht aus zwei Strophen mit je vier Versen, es weist keine Satzzeichen, jedoch einen Endreim (Kreuzreim: abab / cdcd) auf. Die Einteilung in Strophen wird jedoch durch das unregelmäßige Metrum bzw. die Verwendung rhythmischer Prosa und die unterschiedliche Länge der einzelnen Zeilen verwischt. Das Erlebnis eines Momentes privaten Glückes („ich halt dich diesen Augenblick“) zeigt sich in diesem Gedicht motiviert durch das Motiv der Weltflucht („Die ausgebrannte Welt die schleppen wir nicht mit“), ist aber gleichzeitig überlagert durch die Erfahrung fortschreitender Naturzerstörung („Das Wasser tot“), der auch die liebevolle Umarmung bei dem rührenden Versuch, wenigstens dem eigenen Kind die eigentliche Schönheit der Natur zu zeigen, letztlich nichts entgegenzusetzen vermag.

Ulla Hahn erregte mit ihrem ersten Gedichtband „Herz über Kopf“ (1981) großes Aufsehen. Ihre meist in traditioneller Form abgefassten Liebesgedichte sind sehr persönlich und kreisen häufig in einem Spannungsfeld von Ironie und Melancholie um das Scheitern von Beziehungen.

Ulla Hahn: Wartende (1974)

1 Sie sitzt an einem Tisch für zwei Personen
allein mit diesem wachen starren Blick
schaut sie umher als hätt sie was verloren
und hält sich fest an einem Buch: Ihr Strick

der sie herauszieht aus den Augenpaaren
die nach ihr züngeln mitleidlos und spitz
wie Wellen über ihr zusammenschlagen
sie niederdrücken auf den Plastiksitz

der unter ihren Schenkeln klebt. Sie schwenkt
ihr Glas das Eis schmilzt klirrend schneller
sie selbst wird immer kleiner und versänk

gern als Erfindung in ihr Buch
das sie nun zuschlägt. Eh sie auftaucht
zahlt und geht. Es ist genug

Tipp **Interpretation von Lyrik der neuen Subjektivität**

Achten Sie bei der Analyse darauf, ob das lyrische Ich seine eigenen Gefühle und Empfindungen beschreibt oder aus einem Verhältnis sprachlicher Distanz heraus auf Emotionen Bezug nimmt.

Aspekte der Interpretation

Diese Momentaufnahme einer Alltagssituation, die die innere Demütigung der vergeblich auf ihren Geliebten wartenden Frau zeigt, wird von einem lyrischen Ich zur Sprache gebracht, das das innere Erleben dieser Demütigung aus einer künstlerisch gestalteten Beobachterperspektive beschreibt und im Schlussvers die erlittene Frustration mit den Worten „Es ist genug" abschließend kommentiert. Die artifizielle Gestaltung des Textes zeigt sich dabei auf formaler Ebene durch die Verwendung der Sonettform, in der fortgesetzten Aneinanderreihung von Enjambements, die zu zahlreichen Verhakungen einzelner Satzbögen führen, sowie auf der Ebene der sprachlichen Bildlichkeit: So wird etwa der unruhige und unsichere Blick der vergeblich Wartenden durch gegensätzliche Adjektive („wach"; „starr") beschrieben und mithilfe eines Vergleichs im Konjunktiv („als hätt") verdeutlicht. Das Buch, an das sich die Wartende buchstäblich klammert, wird metaphorisch als „Strick" umschrieben, worin sich eine Doppeldeutigkeit ausdrückt. Es gibt ihr einerseits die Möglichkeit, sich von den hämischen Blicken der anderen Gäste abzuwenden („Ihr Strick / der sie herauszieht aus den Augenpaaren / die nach ihr züngeln", V. 4–6), andererseits dokumentiert ihre Lektüre ihr Verhängnis, im Stich gelassen worden zu sein („und hält sich fest an einem Buch / Ihr Strick").

3.16 Lyrik der Gegenwart

In der Literatur der Gegenwart setzt sich die für das 20. Jahrhundert typische vielfältige Themen-, Motiv- und Formensprache fort. Neben gesellschaftskritischen Themen werden nun auch Themen wie Fortschrittskritik und Geschichtsskepsis verarbeitet. Auch nach der deutschen Wiedervereinigung ergaben sich neue Themen für die Literatur. Die experimentelle Literatur der Gegenwart ist vor allem von Montagen und Sprachspielen gekennzeichnet.

Basiswissen **Lyrik der Gegenwart**

Themen und Formen:
- Die Alltags- und Großstadtlyrik erlebt eine Renaissance – bedingt durch die besondere Bedeutung Berlins im Wiedervereinigungsprozess.
- In der experimentellen Lyrik knüpfen viele Autoren an die konkrete Poesie an.

Hauptvertreter: Uwe Kolbe (*1957), Durs Grünbein (*1962), Oskar Pastior (1927–2006), Herta Müller (*1953), Werner Söllner (*1951), Thomas Kling (1957–2005), Robert Gernhardt (1937–2006), Jan Wagner (*1971)

3

3.16.1 Großstadt- und Alltagslyrik

Aufgrund der besonderen historischen Situation Berlins zwischen 1961 und 1990 unterscheiden sich viele Berlin-Gedichte der Gegenwart grundlegend von Berlin-Gedichten anderer Epochen. Für das Verständnis vieler dieser Gedichte ist von Bedeutung, ob sie vor oder nach dem Bau der Berliner Mauer (1961) beziehungsweise vor oder nach ihrem Fall (1990) entstanden sind.

Uwe Kolbe: Berlin (1990)
bei Gelegenheit für FWM

1 In Zwiestadt ausgeworfen,
gespannt zwischen Sperrmüll
und Kinderstrich, die glimmende Asche
zum Zeichen der Einheit,
die Asche der Augen: Zeichen,
gleich gelten sie nichts,
mit Blick auf, was Potsdamer Platz
und Reichstagsufer war, ist,
war ist war ist war ist.

Wir laufen auf, Bruder,
in diesem Backofen, auf diesen
gebotenen Grund, zahnlos
durchfressener Griesberg hier
wie dort. – Kehrt Marsch! Wo ist wo?

Ich denk mir Apfelsinen
aus des Großen Friedrichs Garten
und fühl, wie sie den Darm aufreißen:
Wo haben *die* uns hingebracht,
wie lehren *die* uns singen,
gerad die wir so verachten. Welcome
to Disneyland Country – Wir
begrüßen und beglückwünschen Sie
zum Sonnenaufgang nach DV 1/2/3.

Du schlägst dir selbst ins Gesicht
in Rom, in Westberlin, und ich
find Futter im staatlichen Rollgras.
Gib Feuer, Freund,
wir zünden die Eine gemeinsam an.

Tipp **Analyse von Berlin-Gedichten**

Achten Sie bei der Analyse zeitgenössischer Berlin-Gedichte darauf, ob und inwiefern diese konkrete historische Bezüge aufweisen.

Aspekte der Interpretation

Uwe Kolbe rekonstruiert in diesem Gedicht den 1990 bereits der Vergangenheit angehörenden historischen Zustand vor dem Fall der Mauer. Das lyrische Ich wendet sich, dabei auf die Teilung der Stadt mit dem Wort „Zwiestadt" anspielend, an die in der Widmung mit „FWM" bezeichnete Person, die im Gedicht als „Bruder" und „Freund" bezeichnet wird, und beschreibt ihrer beider Zusammentreffen sowie ihre jeweils unterschiedliche Wahrnehmung der Stadt.

Im Unterschied zu Uwe Kolbes Gedicht „Berlin" bezieht sich **Durs Grünbeins** Gedicht „In einer U-Bahn" weder explizit auf Berlin noch auf die besondere Geschichte der Stadt. Der Text beschreibt vielmehr in zwei kurzen dreizeiligen Strophen sehr distanziert im Stil eines Berichts den Fund eines Mordopfers. Gleichzeitig wird in expressionistischer Manier detailfixiert und subjektiv verzerrt die Wahrnehmung des Leichenfundes geschildert:

Durs Grünbein: In einer U-Bahn (1994)

In einer U-Bahn, früh am Morgen, lag ein Toter
Erwürgt mit einem Draht. Aus seinen Ohren quoll
Musik aus einem walkman irgendwo im Innern

Der Lederjacke, blutverschmiert. Sein kahler Schädel
Hing über die zerbrochne Sitzbank wo mit Filzstift
In Kinderschrift geschrieben stand »Du Arschloch!«

Jan Wagner zeigt in seinem Gedicht „Haute Coiffure" die Abgründigkeit einer alltäglichen Situation, die sich nicht auf den ersten Blick enthüllt.

Jan Wagner: Haute Coiffure (2001)

der goldene schraubstock des spiegels hielt den blick:
sie mit roten nägeln, ich mit weißem
tuch bedeckt wie ein museumsstück.

dicht über meinen ohren zwitscherte
die schere. oh duftende dienerschar
von cremes und flakons! das wasser plätscherte,

doch unten rotteten auf glatten fliesen
die flusen sich zusammen gegen uns,
ein stiller mob mit einem alten wissen.

draußen heulten hunde, frisch geschnitten
sträubte sich mein nackenhaar,
und in mir riß der wolf an seiner kette.

Aspekte der Interpretation

Gezwungen, sich während eines Friseurbesuchs selbst im „Schraubstock des Spiegels" betrachten zu müssen, wird sich das lyrische Ich einerseits der erotischen Bedeutung des Friseurbesuchs („sie mit roten nägeln"), andererseits aber auch der Banalität dieser Situation („doch unten rotteten [...] / die flusen sich zusammen gegen uns"), bewusst, woraufhin es selbstironisch seine erotischen Gefühle kommentiert („frisch geschnitten / sträubte sich mein nackenhaar").

3.16.2 Wortexperimente und Sprachspiele

Die Lyrik der aus Rumänien stammenden Autoren Oskar Pastior und Herta Müller basiert auf einem dichterischen Verfahren, bei dem die Sprache in einzelne Bestandteile zerlegt und in collagenhafter Form neu zusammengesetzt (montiert) wird.

3

Biografie **Herta Müller**

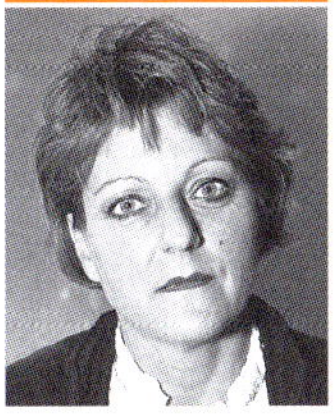

Herta Müllers erste Werke setzten sich mit dem totalitären Regime Ceauşescus in Rumänien auseinander. Sie konnten in Rumänien zum Teil nur stark zensiert erscheinen. 1987 siedelte Müller nach Deutschland über. Ihre poetischen Texte sind vielfach Gedicht und Collage zugleich. „Die blassen Herren mit den Mokkatassen" enthält dichterische Texte, die ausschließlich aus Buchstaben, Wörtern, ganzen Sätzen und Bildern bestehen, die aus Zeitungen und Zeitschriften ausgeschnitten wurden.

Das Gedicht **„Frau Osang"** erschien 2005 in dem Sammelband „Die blassen Herren mit den Mokkatassen". Herta Müller beschreibt in diesem zwar in Versen gebrochenen, aber ansonsten nicht als Gedicht im traditionellen Sinne identifizierbaren Text eine ins Absurde übersteigerte Alltagssituation, nämlich den sich zweimal pro Woche ereignenden Besuch einer Nachbarin, der gleichermaßen humoristische wie nachdenkliche Züge trägt. „Frau Osang steigt zweimal / die Woche in meinen / Kleiderschrank weil Sie mit / dem dreier Bus zu ihrer / Schwester fahren muss nach / 17 Minuten taucht sie / wieder auf zeigt ihre / blauen Zehn wiegt sich / schräg will nichts wie weg / [...]".
Der ästhetische Reiz des Gedichtes besteht darin, dass die Autorin sich zwar einerseits lyrischer Mittel bedient, andererseits aber die Vollständigkeit des Satzbaus und die erzählerisch anmutenden Elemente des Textes auf die Prosaform hinweisen. Dieses Spiel mit traditionellen Lesegewohnheiten wird dadurch unterstützt, dass die Versumbrüche nicht der syntaktischen Gliederung der Sätze entsprechen, worin sich letztlich auch ein Bruch mit der Alltagswelt manifestieren mag.

Basiswissen **Montage**

In der Kunst bezeichnet Montage ein Klebebild, in dem herkömmliche künstlerische Techniken mit Zeitungsausschnitten kombiniert werden. Die literarische Montage vereint sprachlich, stilistisch und inhaltlich unterschiedliche Textteile.

Oskar Pastiors Dichtung ist einerseits durch eine große Nähe zur Unsinns- und Lautdichtung in der Tradition des Dadaismus und der konkreten Poesie geprägt, andererseits durch ein hohes Maß an formaler Strenge gekennzeichnet.

Biografie **Oskar Pastior**

Pastior war Mitglied des Autorenkreises Oulipo (*L'Ouvroir de Littérature Potentielle* „Werkstatt für Potenzielle Literatur"), dem vorwiegend Autoren französischer, italienischer und siebenbürgisch-sächsischer Herkunft angehörten. Die oulipotischen Autoren verfolgen das Ziel, durch unterschiedliche Formen der Beschränkung des Sprachmaterials, etwa dem konsequenten Weglassen eines bestimmten Buchstabens oder durch Beschränkung nur auf die Lautgestalt, künstlerische Effekte zu erzielen.

Oskar Pastior: immer (1997)

das gedicht gibt es nicht. es
gibt immer nur dies gedicht das
dich gerade liest. aber weil
du in diesem gedicht siehe oben
sagen kannst das gedicht gibt
es nicht und es gibt immer nur
dies gedicht das dich gerade
liest kann auch das gedicht das
du nicht liest dich lesen und
es dies gedicht hier nur immer
nicht geben. beide du und du
lesen das und dies. duze beide
denn sie lesen dich auch wenn
es dich nicht nur hier gibt

Aspekte der Interpretation

Oskar Pastior treibt mit dem Leser seines Gedichtes ein schelmisches, von Paradoxien durchsetztes und mit bewusst konstruierten formallogischen Widersinnigkeiten gespicktes poetisches Verwirrspiel, in dem nicht nur das traditionelle Verhältnis von Text und Leser sinnfällig auf den Kopf gestellt wird („es gibt immer nur dies gedicht das / dich gerade liest"), sondern in dem zudem auch noch in selbstparodistischer Art und Weise die Grenzen zwischen Leser und Text überhaupt bis zur Differenz- und damit bis zur scheinbaren Sinnlosigkeit („beide du und du / lesen das und dies") lakonisch nivelliert werden. Dessen ungeachtet stellt Pastior in diesem durchaus poetologisch aufzufassenden Gedicht die enge hermeneutische Beziehung zwischen Leser und Text heraus („du und du") sowie die Tatsache, dass die Konkretheit dieses Beziehungszusammenhangs („hier"; „jetzt"; „dieses") immer auch auf den Gesamtzusammenhang der literarischen Kommunikation („immer"; „das") verweist.

	Barock 1600–1720	Aufklärung und Sturm und Drang 1720–1800	Klassik und Romantik 1786–1830
Epik und Dramatik	■ Dichten ist die Anwendung von erlernbaren Regeln, die in der **Poetik** niedergelegt sind. ■ Im Mittelpunkt des **Schelmenromans** steht der sozial unterprivilegierte Schelm, der sich mit List durchs Leben schlägt (Johann Christoffel von Grimmelshausen, Simplicissimus) ■ In den barocken **Trauerspielen** geben die Helden ein Beispiel für moralische Standhaftigkeit (Andreas Gryphius, Leo Arminius) ■ Die erste **Tageszeitung** erscheint 1650 in Leipzig.	■ Die **Fabeln** von Christian Fürchtegott Gellert oder Gotthold Ephraim Lessing verbreiten aufklärerische Ideen. ■ Im **bürgerlichen Trauerspiel** stehen erstmals bürgerliche Personen auf der Bühne; der Zuschauer soll Mitleid empfinden. ■ In den Sturm-und-Drang-**Tragödien** stößt das Freiheit beanspruchende Individuum mit dem notwendigen Gang des Ganzen tragisch zusammen. ■ **Briefromane** reflektieren persönliche Erfahrungen und individuelles Gefühlsleben der Figuren.	■ Die **Dramen** der Weimarer Klassik veranschaulichen Ideale wie Gerechtigkeit, Freiheit oder Humanität in einer strengen geschlossenen Form. ■ Im **Bildungsroman** steht die Ausbildung geistiger und seelischer Fähigkeiten des Helden im Mittelpunkt. ■ Das romantische Interesse an **Volkspoesie** führt zur Herausgabe von Märchen und Volksliedern. ■ Im romantischen **Künstlerroman** steht die Figur des Künstlers im Mittelpunkt.
Musik	■ Ab etwa 1600 entwickeln sich die **Gattungen** Oper, Kantate, Concerto grosso und Solokonzert. ■ Das erste öffentliche Opernhaus wird 1637 in Venedig eingeweiht. ■ Die fortlaufende Instrumentalbassstimme, der **Generalbass,** bildet die Grundlage jedes Musikstücks.	■ Die **Mannheimer Schule** verzichtet auf den Generalbass und betont die melodieführende Stimme. ■ Christoph Willibald Gluck fordert dramatische und psychologische Wahrheit in der Oper **(Reformoper).**	■ Die Komponisten der **Wiener Klassik** streben die Übereinstimmung von Inhalt und Form, Ausgewogenheit, Einheitlichkeit, Einfachheit, Universalität an. ■ In der **Romantik** gilt die Musik als autonome Tonwelt, die Gefühle und Stimmungen auszudrücken vermag.
Bildende Kunst und Architektur	■ Malerei und Bildhauerei vermitteln **christliche Inhalte.** ■ Üppige Formen und Farben sowie reiches **Schmuckwerk** sind die Kennzeichen der Barockkunst.	■ Die **Rokokokunst** stellt mythologische und Schäferszenen sowie Stillleben gefällig und graziös-elegant dar. ■ Mit feinen Tapetenmustern, Pastellfarben, großen Wandspiegeln und zierlichen Möbeln werden **elegante Innenräume** gestaltet. ■ Die Neuentdeckung der **Porzellans** führt zur Gründung europäischer Manufakturen (Meißen, Nymphenburg).	■ Der **Klassizismus** belebt die antiken Formen wieder. Strenge Symmetrie, rechte Winkel und kubische Geschlossenheit treten an die Stelle der barocken Schwingungen. ■ In der romantischen **Landschaftsmalerei** kommt ein inniges Naturgefühl zum Ausdruck.
Geschichte/Politik	■ Der **Dreißigjährige Krieg** (1618–48) wütet in Europa und fordert viele Opfer. ■ **Im europäischen** Absolutismus hat der Fürst uneingeschränkte Herrschaftsgewalt.	■ Die **Bill of Rights** (1689) stellt den englischen König unter das Gesetz und gibt dem Parlament den Vorrang. ■ Die amerikanischen Kolonien erklären 1776 ihre **Unabhängigkeit** von England und verabschieden 1787 die erste **Verfassung,** die sich auf die Menschenrechte beruft.	■ Die **Französische Revolution** (1789–1799) beseitigt den Absolutismus in Frankreich und verkündet die Menschenrechte. ■ **Napoleon** krönt sich zum Kaiser und dehnt seine Macht über Europa aus. ■ Das **Heilige Römische Reich** wird 1806 aufgelöst.
Wissenschaft und Technik	■ Galileo Galilei beobachtet 1610 als Erster die Planeten mit einem **Teleskop.** ■ Issac Newton entdeckt 1661 das **Gravitationsgesetz** ■ Anthony van Leeuwenhoek entdeckt 1674 einzellige Lebewesen unter dem **Mikroskop.** ■ Gottfried Wilhelm Leibniz entwickelt 1675 die **Infinitesimalrechnung.**	■ Webstühle werden 1745 mit **Lochkarten** gesteuert. ■ Benjamin Franklin erfindet 1752 den **Blitzableiter.** ■ James Watt baut 1768 die erste leistungsfähige **Dampfmaschine.**	■ Alesandro Volta erfindet 1800 die **Batterie.** ■ Antoine-Laurent de Lavoisier ordnet 1789 die damals 26 bekannten **Elemente.** ■ Richard Trevithick baut 1803 die erste **Schienendampflokomotive.** ■ 1807 fährt das erste **Dampfschiff** auf dem Hudson River. ■ Friedrich Gottlob Koenig erfindet 1810 die **Schnellpresse.**

	Junges Deutschland, Vormärz und Biedermeier 1815–1848	Realismus und Naturalismus 1848–1900	Jahrhundertwende 1890–1920
Epik und Dramatik	■ Die Jungdeutschen fordern eine aktuelle politische Literatur, gekennzeichnet durch Detailtreue, gesellschaftlich relevante Themen und Zeitkritik. ■ Das journalistische Feuilleton entsteht.	■ Romane des poetischen Realismus stellen die Wirklichkeit unter Betonung des Wesentlichen und immer Gültigen dar. ■ Soziale Dramen und Milieudramen des Naturalismus decken schonungslos soziale Missstände auf.	■ In Novellen und Einaktern des Impressionismus tritt die äußere Handlung zugunsten des Subjektiven, der Empfindungen und Seelenzustände zurück. ■ Romane und Dramen der Dekadenz bzw. des Fin de Siècle stellen die Seelenzustände überreizter Randfiguren der Gesellschaft dar. ■ Romane der Neuromantik sind von Irrationalismus, Individualismus und Ästhetizismus geprägt.
Musik	■ Die deutsche romantische Oper und das neuere deutsche Lied entstehen. ■ Die Programmmusik gibt außermusikalische Inhalte in der Sprache der Musik wieder. ■ Die Werke Johann Sebastian Bachs werden wiederentdeckt.	■ Die sinfonischen Dichtungen, Oper, Lieder und Sinfonien der Spätromantik suchen nach einer Erweiterung der Klangfarbe, Harmonik, Melodik und Rhythmik. ■ Die italienischen Opern des Verismo ab 1890 prägt eine naturalistische Bühnendramatik.	■ Der musikalische Impressionismus löst die Strenge der Tonalität auf und vermeidet geschlossene Melodien und thematische Entwicklung zugunsten von zerfließenden Klangfarben. ■ Die ersten Jazzbands spielen in den Kneipen von New Orleans.
Bildende Kunst und Architektur	■ Die Malerei des Biedermeier zeigt das bescheiden-einfache Leben in kleinformatigen Kompositionen. ■ Das **Kunsthandwerk** gestaltet einfache Formen im Dienst der Nützlichkeit.	■ Die realistische Malerei zeigt die alltägliche Realität ohne Überhöhung. Die Darstellung von arbeitenden Menschen oder Industrieanlagen wird häufig mit einer sozialen Anklage verbunden. ■ Die ersten Hochhäuser werden ab 1885 in Chicago gebaut.	■ Die impressionistische Malerei gibt den Augenblickseindruck und die Stimmung einer Szene durch Lichtreflexe, die die Konturen der Gegenstände auflösen, wieder. ■ Werke des Symbolismus geben die Welt der Fantasie und des Traums wieder. ■ Der Jugendstil schafft dekorative Werke mit Ornamenten und elegant geschwungenen Linien.
Geschichte/Politik	■ Beim Wiener Kongress 1815 wird die vorrevolutionäre Ordnung in Europa wiederhergestellt. Die Restauration beginnt. ■ Der Liberalismus fordert eine staatliche Einheit nach republikanischem Vorbild. ■ Bürger und Arbeiter erheben sich 1830 in der Julirevolution gegen die reaktionäre Politik in Frankreich. ■ Beim Hambacher Fest demonstrieren 1832 Tausende für die Einheit und Freiheit Deutschlands. ■ Der Aufstand der schlesischen Weber wird 1844 niedergeschlagen.	■ Bei der Märzrevolution 1848 werden Metternich und Ludwig I. von Bayern gestürzt. ■ Die deutsche Nationalversammlung tritt 1848 in der Frankfurter Paulskirche zusammen, um einen deutschen Nationalstaat und eine Verfassung zu schaffen. ■ Otto von Bismarck wird 1862 preußischer Ministerpräsident. ■ Die Sozialistische Deutsche Arbeiterpartei wird 1869 gegründet. ■ Das Deutsche Kaiserreich wird 1871 gegründet. ■ Bismarck erlässt 1883 die ersten Sozialgesetze.	■ Bismarck wird 1890 als Reichskanzler entlassen. ■ Die Sozialistische Deutsche Arbeiterpartei nennt sich ab 1890 SPD. ■ Auf der 1. Haager Friedenskonferenz wird 1899 über das Kriegsrecht beraten und Den Haag 1901 Ständiger Schiedshof. ■ Das Bürgerliche Gesetzbuch tritt 1900 im Deutschen Reich in Kraft. ■ Die Labour Party wird 1906 in Großbritannien gegründet. ■ Finnland führt als erstes Land der Welt 1906 das Frauenwahlrecht ein.
Wissenschaft und Technik	■ Wilhelm Weber erfindet 1833 die Telegrafie. ■ Daguerre erfindet 1835 die Daguerrotypie, den Vorläufer der Fotografie. ■ Richard M. Hoe erfindet 1845 die Rotationspresse. ■ Die Narkose wird 1846 bei Operationen eingeführt.	■ Robert Koch weist 1876 erstmals einen Mikroorganismus als Erreger einer Infektionskrankheit nach. ■ Nikolaus Otto entwickelt 1876 den Viertaktmotor; Carl Benz baut 1885 den ersten motorgetriebenen Wagen. ■ Alexander Graham Bell lässt sich 1876 das Telefon patentieren.	■ Sigmund Freud begründet 1895 die Psychoanalyse. ■ Wilhelm Conrad Röntgen entdeckt 1895 die Röntgenstrahlen. ■ Das erste Motorflugzeug geht 1903 in die Luft. ■ Albert Einstein entwickelt 1905 die Relativitätstheorie.

Expressionismus 1910–1920	Zwanzigerjahre 1920–1933	Nationalsozialismus und Exil 1933–1945
■ Das Stationendrama reiht autonome Szenen aneinander, die keiner chronologischen Logik folgen oder eine geschlossene Handlung ergeben, sondern Zustände der Figuren beschreiben. ■ Das einsame Individuum, die Großstadt und die Erfahrung des Krieges sind Themen **expressionistischer Dramen.**	■ Das Dokumentartheater zeigt historische Ereignisse unter Verwendung von Akten, Protokollen, Interviews und Presseberichten. ■ Zeitromane erreichen mithilfe von Simultan- und Montagetechniken eine Authentizität bei der Darstellung der Gegenwart. ■ Das epische Theater sucht eine größtmögliche Distanz zwischen dem Zuschauer und der dargestellten Handlung zu erreichen.	■ Autoren der inneren Emigration verstecken oppositionelle Inhalte mithilfe der verdeckten Schreibweise. ■ Exilromane thematisieren die Verhältnisse im Heimatland, häufig mithilfe historischer Stoffe, oder gestalten die Exilerfahrungen der Autoren. ■ Die nationalsozialistische Blut-und-Boden-Dichtung verherrlicht Rasse, Volk, Heimat und Bauerntum.
■ Die Erweiterung der Harmonik und eine ausdrucksstarke Chromatik (Emanzipation der Dissonanz) führen zur Atonalität in der Musik. Die sogenannte Neue Musik beginnt. ■ Im Dixieland spielen erstmals weiße Musiker Jazz.	■ Der Rückgriff auf vorromantische Formen, Gattungen und Spielweisen (Mittelalter, Barock, Klassik) führt zu einem Neoklassizismus in der Musik. ■ Die ersten in der Zwölftontechnik komponierten Werke entstehen um 1923. ■ Der Chicago-Jazz begeistert die europäische Musikszene.	■ Der Swing wird ab 1930 zur beherrschenden Form der Jazz- und U-Musik. ■ Der Bebop spiegelt ab 1940 mit rasenden Tempi und hektischer Rhythmik die Zerrissenheit der Zeit wider. ■ Die ersten Musicals werden am Broadway aufgeführt.
■ Mit starken Farb- und Proportionskontrasten sucht die expressionistische Kunst den Ausdruck inneren Erlebens. ■ Der Kubismus zeigt Bildgegenstände in ihren Grundformen wie Würfel, Kegel, oder Kugel. ■ Um 1910 entstehen die ersten abstrakten Gemälde. ■ Der Futurismus zeigt sich begeistert von technischem Fortschritt und Geschwindigkeit.	■ Der Surrealismus stellt das Traumhafte, Irreale, Unbewusste dar. ■ Die Werke der Neuen Sachlichkeit geben die Wirklichkeit objektiv und präzise wieder, häufig verbunden mit Gesellschaftskritik. ■ Die Kunstschule des Bauhaus orientiert sich bei der Formgebung von Gebäuden und Gebrauchsgegenständen an der Funktion und dem Material.	■ Die konkrete Kunst setzt ab 1930 Linie, Fläche, Raum und Farbe ohne jede Assoziation als autonome künstlerische Mittel ein. ■ Beim abstrakten Expressionismus ab 1940 wird der eigentliche Vorgang des Malens zum Bildinhalt.
■ Der Erste Weltkrieg beginnt 1914. ■ Die russische Oktoberrevolution führt 1917 zur Abdankung des Zaren und zur Ausrufung der Sozialistischen Räterepublik. ■ Deutschland führt 1918 das Frauenwahlrecht ein. ■ Die Sowjetunion wird 1922 gegründet.	■ Weimarer Reichsverfassung: Das Deutsche Reich ist ab 1919 eine parlamentarisch-demokratische Republik. ■ Die Zeit der Weimarer Republik war von Inflation und politischer Instabilität geprägt. ■ Der Völkerbund, die Vorgängerorganisation der UNO, wird 1919 gegründet. ■ In den USA tritt 1920 die Prohibition in Kraft. ■ Mit dem Zusammenbruch der New Yorker Börse beginnt 1929 eine weltweite Wirtschaftskrise.	■ Machtergreifung: Hitler wird 1933 Reichskanzler. Nach dem Reichstagsbrand werden die Grundrechte aufgehoben. ■ In der Reichskristallnacht werden 1938 Synagogen und jüdische Geschäfte zerstört. ■ Der Zweite Weltkrieg beginnt 1939. ■ Auf der Wannseekonferenz wird 1942 die Endlösung der Judenfrage beschlossen. ■ Die USA werfen 1945 zwei Atombomben auf Hiroshima und Nagasaki.
■ Henry Ford entwickelt 1910 die Fließbandarbeit. ■ Niels Bohr entwickelt 1913 das Atommodell. ■ Albert Einstein entwickelt 1915 die Allgemeine Relativitätstheorie.	■ Die ersten Rundfunksender nehmen 1920 in den USA, 1923 in Deutschland ihren Betrieb auf. ■ Alexander Fleming entdeckt 1928 das Penizillin. ■ Das Fernsehen beginnt 1931.	■ Otto Hahn entdeckt 1938 die Kernspaltung. Die Spaltung von Uranatomen ist die Grundlage für die Entwicklung von Atomwaffen. ■ Konrad Zuse entwickelt 1941 den ersten programmierbaren Computer.

	Nachkriegszeit und 1950er-Jahre 1945–1960	Politisierung, neue Subjektivität und Postmoderne 1960–1980	Gegenwart 1980 bis heute
Epik und Dramatik	■ Die Trümmerliteratur thematisiert die Rückkehr aus dem Krieg und die zerstörten Verhältnisse in Deutschland. ■ Die Gruppe 47 fordert die radikale Ablösung von literarischer und sprachlicher Tradition („Kahlschlag“). ■ Der sozialistische Realismus wird zur Kulturdoktrin in der DDR.	■ Die Arbeiterliteratur zielt auf die Auseinandersetzung mit der industriellen Arbeitswelt. ■ Individuelle Befindlichkeit, alltägliche Erfahrungen und private Beziehungen sind Gegenstand der neuen Subjektivität. ■ Postmoderne: In der Prosa der 1980er-Jahre kommt es zur Wiederbelebung des auf Spannung bedachten Erzählens.	■ Die gesellschaftlichen Umwälzungen und die sich aus der Wiedervereinigung 1990 ergebenden Ost-West-Probleme sind Thema zahlreicher Romane. ■ Die Popliteratur stellt eine von Medien, Werbung und Konsum bestimmte Wirklichkeit dar. ■ Die Migrantenliteratur verarbeitet die Probleme eingewanderter Autoren.
Musik	■ Die serielle Musik ordnet alle musikalischen Strukturelemente nach vorher festgelegten Gesetzmäßigkeiten. ■ Die konkrete Musik verwendet aufgezeichnetes Klangmaterial (Alltagsgeräusche). ■ Bei der Aleatorik wird der Zufall als Kompositionselement eingesetzt.	■ Die Pop- und die Rockmusik entstehen. ■ Die Minimal Music ist geprägt durch die ständige Wiederholung kleinster Melodie- und Rhythmusformeln. ■ Die elektronische Musik verwendet elektronisch erzeugte Töne (Sinustöne).	■ Die Abkehr von der seriellen Musik führt zu einem Rückgriff auf traditionelle Formen, um die Musik wieder unmittelbar fasslich zu machen (Neue Einfachheit). ■ Die Weltmusik strebt eine Symbiose aller Musikkulturen an.
Bildende Kunst und Architektur	■ Die Op-Art erzeugt optische Effekte wie Flimmern, Nachbilder oder Scheinbewegungen. ■ Mit Happenings wenden sich Künstler provokativ gegen rationelle und materielle Denk- und Lebensformen.	■ Die Pop-Art stellt banale Objekte des Massenkonsums dar. ■ Die Videokunst nutzt die elektronische Bildaufzeichnung und Wiedergabe auf Monitoren als künstlerisches Medium. ■ Die Konzeptkunst verzichtet auf die materielle Realisation des Kunstwerks und überlässt es dem Betrachter, das Werk anhand von Aufzeichnungen in seiner Vorstellung entstehen zu lassen.	■ Installationen kombinieren ausgewählte oder eigens angefertigte Objekte in einem räumlichen Zusammenhang. ■ Die Computerkunst arbeitet mit virtuellen Wirklichkeiten und bezieht die Betrachter als interaktive Mitspieler mit ein.
Geschichte/Politik	■ Der Zweite Weltkrieg endet 1945; Deutschland wird in vier Besatzungszonen aufgeteilt. ■ Die Vereinten Nationen (UNO) werden 1945 gegründet. ■ Das Grundgesetz für die Bundesrepublik Deutschland tritt 1949 in Kraft. ■ Die Deutsche Demokratische Republik wird 1949 gegründet. ■ Der Kalte Krieg beginnt. ■ Mao Zedong ruft 1949 die Volksrepublik China aus. ■ Die Berliner Mauer wird 1961 gebaut.	■ Bürgerrechtsgesetzgebung: Farbige Amerikaner erhalten 1964 in den USA die Gleichberechtigung. ■ Studenten protestieren 1968 gegen den Vietnamkrieg, die USA und für liberale politische und gesellschaftliche Reformen. ■ Die Demokratisierungs- und Liberalisierungsmaßnahmen in der Tschechoslowakei (Prager Frühling) werden 1968 niedergeschlagen. ■ Der erste Golfkrieg zwischen Irak und Iran beginnt 1980.	■ Die beiden deutschen Staaten werden 1990 wiedervereinigt. ■ Die Sowjetunion wird 1991 aufgelöst. ■ Der Irak marschiert 1990 in Kuweit ein; der zweite Golfkrieg beginnt. ■ Terroristen verüben am 11. September 2001 Anschläge auf Ziele in den USA. ■ Die USA führen 2001 Krieg in Afghanistan, 2003 in Irak.
Wissenschaft und Technik	■ Amerikanische Physiker bauen 1948 einen brauchbaren Transistor, das wichtigste Bauelement für den Computer. ■ Russland entwickelt 1957 den ersten funktionstüchtigen Satelliten. ■ Juri Gagarin startet 1961 als erster Mensch ins All.	■ Theodore Maiman stellt 1960 den ersten Laser fertig. ■ Vernetzte Rechenzentren führen 1969 zu den Anfängen des Internet. ■ Neil Armstrong ist 1969 der erste Menschen auf dem Mond. ■ Die Antibabypille ist ab 1960 erhältlich.	■ Das erste Säugetier wird 1996 geklont. ■ Seit 1998 ist die ständig bemannte Raumstation ISS in Betrieb. ■ Tim Berners-Lee entwickelt 1989 das World Wide Web. ■ Das menschliche Genom wird 2001 entschlüsselt.

Register

Register

Bildquellennachweis:
Bibliographisches Institut, Mannheim: S. 35, 37, 38, 39, 48, 53, 60, 71, 78, 81, 84; Börsenverein des Deutschen Buchhandels, Frankfurt am Main: S. 87; Directmedia Publishing, Berlin: S. 76; © Reinhard Döhl, Nachlass, Stuttgart: S. 95; picture-alliance/dpa, Frankfurt am Main: S. 105, 106; Süddeutscher Verlag Bilderdienst, München: S. 95